Ein Grundriß wie ein Kreuz, 11 000 Ziertürmchen, ein Dachreiter, zwei Riesentürme – der Kölner Dom von Ostsüdost.

Blick in den Chor »mit den Gruppen schlanker Säulen wie den Bäumen eines uralten Forstes«

Blick vom First des Langhauses in den Chor, 61 Meter tief.
Die Türme der Basilius-Kathedrale in Moskau hätten hierin Platz.

Die Fronleichnamsprozession beginnt alljährlich mit einem Gottesdienst auf dem Roncalli-Platz vor der Südfassade des Doms.

Ohne Musik 45 Mark, mit Musik 69 Mark: Der Dom als Souvenir in allen Spielarten des Kitsches.

Auf der Plattform, die seit 1970 den Dom umgibt, gehören sie zum Alltagsbild: die Skateboard-Fahrer . . .

. . . die Straßenmaler, meist mit religiösen Motiven (hier Papst Johannes Paul II.) . . .

. . . und die Stadtstreicher, die hier allemal einen stillen Winkel und eine milde Gabe finden können.

Die Läutemaschine der Ave-Glocke wird justiert.
Seit 1911 läutet sie um 7 zur zweiten Messe, eine von elf Glocken.

Der Kölner Dom

Wolf Schneider

Der Kölner Dom

Wie die Deutschen zu ihrem Weltwunder kamen

Herausgeber: Klaus Liedtke
Programmleitung: Dr. Manfred Leier
Lektorat: Horst Schönnenbeck
Grafik: Joachim Frank
Bildredaktion: Erika Just
Verlagsleitung: Peter Schlickenrieder
Herstellung: Bernd Bartmann, G+J Druckzentrale
Druck: Clausen & Bosse, Leck

1. Auflage 1991
ISBN 3-570-09259-3

Inhalt

Übersichten:

Anhang:

Warum ich dieses Buch geschrieben habe

Als ich ihm vor vierzig Jahren zum erstenmal gegenüberstand, da schlug mich der Gedanke: Mein Gott, wie haben die das bloß gemacht! Wie haben sie im 13. Jahrhundert solche Mengen Stein so unglaublich kunstvoll so hoch türmen können! Und was trieb sie eigentlich, diese ungeheuerliche Leistung zu vollbringen, diesen Konsumverzicht für Generationen auf sich zu nehmen, ihr Leben an einen Riesenbau zu wenden, den kein Lebender je vollendet sehen würde?

Da mußte man also diesen Dom in all seinen tausend Winkeln studieren und natürlich in die Archive steigen, um seine Geschichte aufzuspüren, aber nicht so sehr die der Bauherren (des Domkapitels), sondern die der kleinen Leute, aus deren Spenden der Dom emporwuchs, der Steinmetzen, die in atemraubender Höhe ihre Arbeit taten, der Glasbläser und Glasmaler, die zu den größten Künstlern des Mittelalters zählten, der Fuhrknechte, die hunderttausend Tonnen Stein in Pferdewägelchen zum Bauplatz karrten, und der Allerärmsten, die im Tretrad liefen, das die Seilwinde trieb, an der Steintrommeln, Dachbalken, Bleiplatten in die Höhe fuhren.

Und wie dies alles aus rheinischer Frömmigkeit, kölnischem Hochmut und gotischem Aberwitz geboren wurde, müßte man studieren, und erzählen müßte man all das zwar korrekt bis ins letzte Detail, aber prall von Anschauung und frei von allen architektonischen, mediävistischen und liturgischen Fachausdrücken (die könnte man ja in einem Anhang vorstellen).

Hatte man einmal mit dem Studium begonnen, so erwies sich der Dom als ein noch viel eindrucksvolleres Stück deutscher Geschichte: Wie ein Erzbischof, der mehr ein politischer Intrigant und ein brutaler Kriegsherr war, den Grundstein legte; warum der Dom 282 Jahre lang die größte Bauruine des Abendlandes blieb, von Goethe »ein leider nur beabsichtigtes Weltwunder« genannt; wie im 19. Jahrhundert preußische Patrioten und Protestanten die Macht über den Torso an sich rissen, aber auch dafür sorgten, daß er vollendet wurde; wie das Prunkstück der Gotik zugleich zum Urbild aller Wolkenkratzer geworden ist, wie es den Bombenhagel des Zweiten Weltkriegs überlebte und wie es heute unter dem Steinfraß stöhnt – kurz: Die Ballade müßte man erzählen, wie er in den Himmel wuchs, der Dom zu Köln, das großartigste und populärste Bauwerk der Deutschen.

Dies habe ich versucht. Daß Professor Arnold Wolff, Dombaumeister seit 1972, mir dabei jeden gewünschten Rat gegeben hat, verzeichne ich mit Dankbarkeit.

Wolf Schneider
im Sommer 1991

Das irdische Jerusalem, Holzschnitt aus dem 15. Jahrhundert. So stellten sich die Gläubigen das Himmlische Jerusalem vor.

Himmlisches Jerusalem am Rhein

Sieben Uhr an einem Wintermorgen: Zwei Damenabsätze zerhacken die Stille. Durch die Düsternis der 64 himmelhohen Pfeiler sucht ein Mensch den Weg zum Beten oder Beichten, eine Ameise auf dem Grund einer ungeheuren Schlucht. Wenn die Sonne durch die siebzehn Meter hohen Oberfenster bricht, verwandelt sie die Schlucht in einen himmlischen Saal. Er hat eine irdische Adresse: Domkloster 4. Seine Westfront ist die größte Kirchenfassade der Christenheit, und neunmal im Jahr dröhnt aus ihr eine der schwersten Glocken der Erde.

Vor den Portalen, wo einst Pilger, Gaukler und Marktschreier lärmten, tönen heute Gitarren, Panflöten, das Schnurren der Skateboards, manchmal besoffene Gesänge und meistens ein vielsprachiges Stimmengewirr: Früher kamen 20 000 Pilger pro Jahr, heute kommen oft 20 000 Touristen am Tag, Schulklassen zumal aus halb Europa.

Innen sind die einen ergriffen, die andern erschrocken. Ob ihnen ein wenig so zumute ist, wie es Goethe war, als er schon den *halben* Dom als das »tüchtigste, großartigste Werk« beschrieb, »das je mit folgerechtem Kunstverstand auf Erden gegründet worden«? Ob sie da etwas vom fernen Geist des Mittelalters anweht, als man in Ewigkeiten dachte und nicht in Wahlperioden und Bausparvertragszuteilungsfristen? Ob sie etwas spüren von der Kraft, mit der der Dom sich über Reformation und Revolution, über französische Plünderer und englische Bomben hinweg behauptet hat? Da bewährte sich zuletzt das unglaubliche Raffinement der gotischen Statik, das in Köln seine Spitze erreichte, von den Architekten der ersten Wolkenkratzer bewundert, studiert und in Teilen nachgeahmt.

Doch nun droht dem Dom ein zäherer Feind. Wozu man wissen muß, daß jedes Hochhaus aus Wind und Schatten ein Kleinklima erzeugt, hier zum Beispiel dieses: Wenn am ersten milden Frühlingstag der Küster die Portale weit öffnet, dann drücken 200 000 Kubikmeter Winterluft, 43 Meter hoch gestaut, ins Freie und blasen dem Besucher als Eiswind entgegen. Vor allem aber entstehen in den Klüften und Spalten aus 50 Strebepfeilern, jeder höher als ein durchschnittlicher Kirchturm, aus 124 Strebebögen und 11 000 Ziertürmen zu allen Jahreszeiten Fallwinde und ein tückischer Zug, der die Wanderfalken erfreut, die Passanten erschreckt und gegen den Stein arbeitet wie ein Sandstrahlgebläse.

Wie nun erst, als dieser Wind geschwängert war vom Qualm der Dampflokomotiven, die hundert Jahre lang am Dom vorüberdonnerten, denn direkt neben ihm wurden der Hauptbahnhof und die Hohenzollernbrücke über den Rhein errichtet, die bis heute verkehrsreichste Eisenbahnbrücke der Erde. Und wie nun gar, wenn der Wind die Gifte des 20. Jahrhunderts durch das Filigran der tragenden Bögen und zierenden Ranken treibt! Bis zu zehn Zentimeter tief haben sie den Stein zerfressen.

So tauschen ihn die Steinmetzen der Dombauhütte seit Jahrzehnten kubikmeterweise aus, im Durchschnitt 150 Tonnen im Jahr, oder versuchen ihn mit Steinschutzmitteln zu imprägnieren, die mit Förderung des Bundesforschungsministeriums weiterentwickelt werden sollen. Wir haben also Hoffnung, daß es dem Dom nicht ergeht wie dem Turm zu Babel, von dem ein Haufen Lehm geblieben ist.

Er sollte einst »mit dem Himmel wetteifern«, wie König Nebukadnezar überliefert hat. War dies der Grund, warum auch die gotischen Baumeister ins Riesenhafte strebten? Was hat sie getrieben, daß sie die höchsten und waghalsigsten Steinbauten der Geschichte errichteten, ohne jedes wissenschaftliche Fundament, nun endlich die Antike übertrumpfend und dem technischen Standard ihrer Zeit um Jahrhunderte voraus?

Wer das erfahren will, muß einen Blick ins 12. Jahrhundert werfen – und das war kein finsteres Mittelalter, sondern ein kühner Aufbruch zu neuen Ufern und eine der faszinierendsten Epochen der europäischen Geschichte.

Der Anstifter der neuen Kunst hieß Suger und war Abt von St. Denis nördlich von Paris, Freund, Berater und Hofchronist zweier Könige und Regent von Frankreich während des zweiten Kreuzzugs, der 1149 vor Damaskus scheiterte. Suger fand den genialen, uns unbekannten Architekten, der aus seinen Visionen ein Bauwerk und aus romanischen Anfängen den Gründungsbau der Gotik machte. 1140 wurde in St. Denis der Grundstein gelegt, schon 1144 der Chor eingeweiht – durch ein architektonisches Bravourstück von den größten Fenstern durchbrochen, die die Welt seit den römischen Thermen gesehen hatte.

Denn Licht wollte Suger haben, das Licht, das Gott gleich nach Himmel und Erde schuf, das Licht, das »sein Kleid« ist (Psalm 104). Das bunte irdische Licht sei ein Abbild des göttlichen Lichts und könne zur Kenntnis Gottes führen, heißt es in einer Schrift, die dem christlichen Märtyrer Dionysius von Areopagita zugeschrieben wurde, und dessen Gebeine wiederum glaubte die Abtei »Heiliger Dionysius«, St. Denis, zu besitzen.

Wie aber konnte ein Bau mit 29 Meter hohen Wänden diese mit solchen Glasflächen durchbrechen, ohne einzustürzen? Nur dadurch, daß der Architekt die Mauern ihrer tragenden Funktion beraubte und statt dessen ein Skelett aus steinernen Pfeilern errichtete. Es ließ Platz für so viel Glas, wie man hatte und wollte, für die transparente Wand, eine Welturaufführung. Freilich war der Erfinder leichtsinnig in der Konstruktion seines Steingerippes: Nach fünfzig Jahren war der Chor vom Einsturz bedroht, wurde vorsorglich abgerissen und neu erbaut; und wirklich eingestürzte Türme und Gewölbe begleiten den Höhenflug der gotischen Baumeister.

Die zwanzig Bischöfe, die 1144 zur Chorweihe nach St. Denis gekommen waren, nahmen ihre Begeisterung mit, und in der Ile-de-France, der Landschaft rund um Paris, dem Kernland der werdenden Großmacht Frankreich, der Region mit den besten Handwerkern in Europa – da brach ein einzigartiges Baufieber aus: in kaum hundert Jahren an die siebzig Kathedralen, darunter viele der gewaltigsten Bauwerke seit Ägyptens Pyramiden.

Vier Meter höher als in St. Denis, mehr als 33 Meter hoch, wurde das Gewölbe in der Kathedrale von Chartres (Baubeginn 1194), 41 Meter waren in Amiens erreicht (1218) und schließlich, in der erklärten Absicht, Amiens zu übertrumpfen, 47 Meter in Beauvais – höher als später das Langhaus der Peterskirche in Rom, und vom Arc de Triomphe in Paris müßte man nur zwei Meter abschleifen, dann paßte er ins Kirchenschiff. 1225 hatten die Bürger von Beauvais begonnen. 1284 stürzte ihr Gewölbe ein. Sie bauten es wieder auf in alter Höhe und obendrauf den höchsten Turm der Erde, 153 Meter war er hoch, doch 1573 krachte er zusammen für immer.

Warum also dieser Drang ins Kolossale, in Höhen, die alle bis dahin gültigen Gesetze vom Menschen als Maß der Baukunst zerbrachen? Da war sicher viel Kraftgefühl dabei, der Prachtwille von Bischöfen und Stadtbürgern und die Versuchung der Baumeister, die Gesetze der Schwerkraft zu kitzeln, nachdem es ihnen schon gelungen war, sie dem Auge vergessen zu machen. Doch kann das höchstens die halbe Wahrheit sein.

Der weltliche Ehrgeiz wucherte auf dem Grund einer Inbrunst des Glaubens, für die uns heute die Begriffe fehlen, der völligen Durchdrungenheit davon, daß alles Menschenwerk in der Hand Gottes liege und das Erdendasein nur die Vorstufe zum ewigen Heil oder zur ewigen Verdammnis sei.

Als im Jahr 1070 das Heilige Grab in die Hände der Araber gefallen war, da wunderte es keinen, daß Papst Urban II. zum Kreuzzug aufrief und Zehntausende seinem Ruf folgten. Fast zweihundert Jahre lang, von 1096 bis 1292, blieb es das Ziel der Päpste, der französischen, deutschen und englischen Könige, der fränkischen Ritter, ihre Kraft, ihr Geld, ihr Leben an die Zurückeroberung Jerusalems zu wenden, dreimal wechselte die Heilige Stadt den Besitzer – bis schließlich 1244, vier Jahre vor dem Baubeginn am Kölner Dom, die Kreuzritter endgültig aus ihr vertrieben wurden.

Gewiß waren bei den Kreuzzügen Machtpolitik, Wirtschaftsinteressen und schlimme Intrigen im Spiel, auch der Anreiz, daß jedem Teilnehmer alle Sünden vergeben und alle Schulden erlassen würden, wie Urban II. verkündete. Doch hätte das nicht ausgereicht, um immer neue Ritterheere nach Vorderasien in Bewegung zu setzen – wäre da nicht die Überzeugung gewesen, daß Jerusalem das Herz der Erde sei, als Ort der Passion Christi und auch ganz wörtlich verstanden: Die berühmte Weltkarte, die im 13. Jahrhundert im Kloster Ebstorf bei Uelzen in der Lüneburger Heide entstand, zeigt im Mittelpunkt Jerusalem und oben das Paradies, und oben ist Osten, wie auf allen mittelalterlichen Karten, und nach Osten, dem Paradies entgegen, weist folglich der Chor, das Herzstück der gotischen Dome.

Doch man muß überdies die Vorstellung vom *himmlischen* Jerusalem zu begreifen suchen, will man sich die Kraft erklären, mit der die Bürger von Chartres und Amiens, von Straßburg und Köln ihre Kathedralen türmten, und will man ein Bild von der Gewalt gewinnen, mit der die Dome auf die Zeitgenossen wirkten.

Den Himmel im Sinne des Paradieses gleichzusetzen mit dem hellblauen Raum über unseren Köpfen, die Wolken als Schiffchen für die Engel, die Sterne als Laternen: Diese Vorstellung kam erst im 17. Jahrhundert auf. Im Mittelalter glaubte man, der Wohnsitz Gottes und das Reich, in das die Guten einziehen, wenn Jesus beim Jüngsten Gericht die Schafe von den Böcken geschieden hat – das sei eine Stadt mit ragenden Türmen und goldenen Zinnen: das Himmlische Jerusalem, die Stadt des lebendigen Gottes (Hebräer 12,22).

Und man wußte auch, wie diese Stadt beschaffen war, Johannes sah sie in der »Offenbarung« (Kap. 21) beim Anbruch der Heilszeit »von Gott aus dem Himmel herabfahren, bereitet wie eine geschmückte Braut ihrem Mann«, von lautrem Golde, je »12 000 Feld Wegs« lang, breit und hoch, das wären mehr als 2000 Kilometer; die Stadtmauer aus Jaspis, geschmückt mit Saphiren und Smaragden, Topas und Amethyst. Diese Stadtmauer wenigstens hatte ein irdisches Maß: 144 Ellen hoch, berichtet Johannes, das sind 70 Meter – von den gotischen Türmen weit übertroffen, bei den größten Kathedralen selbst vom Dachfirst fast erreicht: 61 Meter in Köln, 63 Meter in Beauvais. Wer in Köln mit dem Lastenaufzug der Dachdecker und Steinmetzen außen an der Nordfassade in solche Höhe fährt, den fällt ein atemloses Staunen an – und vielleicht eine Ahnung vom Himmlischen Jerusalem.

Auf dem Dach des Langhauses der römischen Peterskirche kann man spazierengehen: Platt und lieblos ist es wie ein Kasernenhof; kein Baumeister kam auf die Idee, seine Statik offenzulegen und auch noch dem Himmel seine Kunst zu zeigen.

Hier aber ist alles Bewegung, Raffinesse und Kraft. Hier wird man Zeuge, wie die Gotik es zuwege brachte, daß die Steine tanzen und um den Himmel werben lernten: Tausend Türmchen stoßen in ihn vor, jedes mit Maßwerk verziert, mit Kriechblumen besetzt und von einer Kreuzblume gekrönt; Steine wie Riesenspargel und Lianen, Steine wie Spinnweben und Zuckerguß – und dabei allesamt zwei ehernen Gesetzen unterworfen: Empor wollen wir streben, das Auge in die Höhe reißen, die Grenze zum Himmel verwischen; und alles, was nach Last und Erdenschwere schmeckt, wollen wir auflösen in Rippen und Bögen, in Maßwerk und Laubwerk, in Blumen, Tabernakel, Baldachine und Skulpturen. 160 000 Tonnen Stein wollen wir so lange durchformen, bis sie der Schwere spotten.

Sie haben es geschafft. Und drüben, am anderen Ende des Himmels, ragen die beiden Türme zu den Wolken, ein

Hochgebirge von Menschenhand. Ist nicht ein *Berg* das Haus des Herrn, wie der Prophet Jesaja schrieb? Und hatte nicht schon Eusebius, Bischof von Cäsarea in Anatolien, im 4. Jahrhundert n. Chr. die Kirchen als Symbole für diesen Berg bezeichnet, achthundert Jahre bevor die gotischen Baumeister ans Werk gingen? Teils Berg des Herrn, teils Himmlisches Jerusalem, jedenfalls über jedes Menschenmaß hinaus: Das sollten die Kathedralen sein. Abt Suger von St. Denis, der Vater der Gotik, sagte, seine Kirche sei der Berg Zion, Jerusalems Tempelberg, und Jesus der Schlußstein des Kreuzrippengewölbes.

Ist es Zufall, daß wir von »Rippen« sprechen? fragt der amerikanische Kunsthistoriker Peter Fingesten. Liegt da nicht wirklich eine Ähnlichkeit mit einem Brustkorb vor, und sollte diese Symbolik dem mittelalterlichen Menschen verborgen geblieben sein? Fühlte er sich in seinem Dom am Ende wie in einem riesigen Mutterleib, wofür auch die relative Kleinheit der Portale spreche?

Das mag eine der allzu bemühten Deutungen sein, mit denen die Gotik nachträglich überzogen worden ist; fest steht, daß die Kathedralen in hundert Symbolen reden, die jeder Gläubige verstand. Die Kreuzform des Grundrisses, die durch das Querhaus entsteht; die Tausende von Heiligenfiguren, viele davon in Höhen, die sie dem Auge gänzlich entziehen, aber sie preisen ja Gott, und nur darauf kam es an; die fratzenhaften Wasserspeier in ihrer doppelten Funktion: das Regenwasser von den Fundamenten abzuleiten und das Böse zu bannen da oben, wo die Nebel ziehen.

Von all solchen Symbolen ergriffen, trat der Gläubige ein in das ungeheure Reich des Himmlischen Jerusalems, und in glühenden Farben erzählten ihm die Fenster von Jesus, Maria, den Aposteln, der Erlösung. Wenn noch Atheisten schier erschlagen werden von der Größe der Hallen und der Größe des Geistes, der sie einst errichtete – wie muß ein solcher Dom den Frommen im 13. Jahrhundert überwältigt haben, den Glaubenden und Märchengläubigen, der nichts kannte als sein Städtchen und die biblischen Geschichten?

Dazu kommt nun ein meist gänzlich vergessener Umstand: Auch die Architektur der Kathedralen, das rational Faßbare an den Riesenbauten war für den Menschen des 13. Jahrhunderts großartiger als für uns. Er sah sie anders, und sie sahen wirklich anders aus.

Heute sind sie verwittert, angenagt, von Flechten und Farnen, Moos und Pilzen, Schafgarbe und Weidenröschen überzogen. Einst leuchtete die Kathedrale von Reims okkergelb, und graublau glitzerte das frische Blei der Dächer; heute ist sie geschwärzt, vielen Statuen sind die Köpfe weggefressen, und ein Holzdach vor den Portalen schützt die Besucher vor den fallenden Trümmern. Einst waren an der Außenfront der Dome, zumal an der Westfassade, die Skulpturen, die Ziergiebel, die Dachsteine vergoldet oder rot, blau, gelb, grün bemalt oder mit schwarzen Schatten unterlegt, um sie vom Hintergrund abzuheben. Der Chor von Köln, aus hellgrauem Trachyt vom Drachenfels erbaut, war vermutlich weiß oder beige gestrichen, mit blutrotem Maßwerk vor den Fenstern und anderthalb Meter hohen Goldbuchstaben auf dem Bleidach, einem Gedicht zum Ruhm der Heiligen Drei Könige.

Dieser Farbenrausch aber und der der Glasfenster dazu traf auf Menschen, von denen die meisten in ihrem ärmlichen Alltag kaum andere Farben kannten als schmuddlige Wolle, gelbliches Leinen, bräunliches Holz und auf den Gassen grünlichen Dreck. Sie *mußten* also die Dome anders sehen – in den Farben, mehr noch in den Dimensionen.

Worüber die Kathedrale da titanisch ragte, das war ein Städtchen aus eng gedrängten Fachwerkhäuschen, die meisten keine sechs Meter hoch, mäßig übertroffen vom Rathaus, ein paar Zunft- und Patrizierhäusern und gedrungenen Kirchen. Kein Hochhaus, keine Bahnhofshalle hatte je das Auge an Größe gewöhnt; wo sich heute die Dome nur noch knapp als höchstes Bauwerk der Stadt behaupten, waren sie einst zwanzigmal so hoch wie ein durchschnittliches

Wohnhaus und dreimal so hoch wie das nächsthohe Gebäude – eine himmlische Stadt hoch über der irdischen, ein Gulliver in Liliput.

Dazu wohnten die meisten Stadtbürger in Kammern, in denen ein heutiger Abiturient nicht aufrecht stehen könnte, und Glas gab es nur für die Reichen: Hölzerne Läden oder Schieber hatten sie vor den Fensterlöchern, im Winter saßen sie den ganzen Tag im Finstern. Nicht einmal fromm also hätte man sein müssen, um im 13. Jahrhundert die Fenster, die Farben, die Maße der Dome als überirdisch zu empfinden.

Daß die Kathedrale überwältigend zu sein habe, während der kleine Mann in einer ungeheizten Kammer auf dem Strohsack schlief – das stellte er nie in Frage. Von schlechten Zähnen gepeinigt, von Rachitis und Rheumatismus gekrümmt und meist mit fünfzig Jahren tot: All das war selbstverständlich, es hatte nichts mit der Hingabe ans Himmlische Jerusalem zu tun.

Und so schleppten sie und werkelten sie für ihren Dom: Hunderte von Steinmetzen, Maurern und Zimmerleuten; Dutzende von Knechten in Treträdern und an Seilwinden, um die tonnenschweren Werkstücke bis in die schwindelnde Höhe der Gewölbe zu befördern; dazu Schmiede und Glasbläser, Bleigießer und Dachdecker, Seiler, Maler und Vergolder.

Und dann im Steinbruch die Steinbrecher und wieder Steinmetzen, Zimmerleute und Schmiede; im Wald die Holzknechte, denn die Schalungen der Gewölbe, die gewaltigen Gerüste und das hölzerne Hebezeug verschlangen Baumstämme zu Tausenden; dazu Hunderte von Fuhrknechten oder Bauern und Bürgern, die Hand- und Spanndienste leisten mußten, um mit Ochsen, Pferd und Wagen den Stein heranzukarren, auch das Holz nebst Blei und Eisen; und nicht zuletzt die Verpflegung für all die Waldarbeiter, Steinbrecher und Bauleute: Brot und Bier in Mengen, dazu lebende Tiere, die von Metzgern und Mägden in Mahlzeiten verwandelt wurden. So mischte sich das Brüllen der Kühe, das Meckern der Ziegen, das Gackern der Hühner in der Budenstadt mit den Hammerschlägen, dem Quietschen der Winden und dem Fauchen der Blasebälge – ein Gewimmel von Heinzelmännchen, die einen Riesen gebaren.

In Chartres, dem Marktflecken und Wallfahrtsort südwestlich von Paris, entstand die erste vollkommene gotische Kathedrale in nur 27 Jahren. 1194 – der dritte, erfolglose Kreuzzug war im Gange – zerstörte ein Brand die alte Bischofskirche und die halbe Stadt. Da spannten sich »mächtige Herren und Fürsten, gebläht von Reichtum und Ehren, gleich Zugtieren vor die Karren«, berichtet ein zeitgenössischer Abt, »desgleichen Frauen von edler Geburt, um Wein, Getreide, Kalk, Steine, Holz den Bauleuten zuzuführen. Und obgleich mehr als tausend Köpfe zusammen sind, herrscht doch tiefes Schweigen. Wenn sie dahinziehen unter Posaunenschall und geweihten Bannern, scheint Gott der Herr selbst sie anzuführen«.

Das mag die fromme oder liebedienerische Übertreibung eines Hofchronisten sein – unbestreitbar ist, daß Chartres baute wie im Rausch. Die Kathedrale von Amiens, Frankreichs gewaltigste Kirche, stand binnen siebzig Jahren in ihrer heutigen Gestalt.

Ein solches Wunderwerk wollten nun auch die Kölner haben, und noch herrlicher sollte es sein! Schließlich war ihr Erzbischof ein deutscher Kurfürst mit dem Vorrecht, neben dem Kaiser zu gehen, Erzkanzler des Heiligen Römischen Reichs in Italien, Herzog von Westfalen und Lothringen, päpstlicher Legat, Machtpolitiker, Kriegstreiber, Friedensstifter und Herr über Deutschlands größte, reichste Stadt, genannt das Rom des Nordens.

Doch nach 300 Jahren waren die Kölner immer noch nicht fertig, und nicht der Dom wurde zum Wahrzeichen ihrer Stadt, sondern ein hölzerner Kran, der größte des Mittelalters, mehr als 25 Meter hoch: Auf dem Stumpf des Südturms verrottete er, die Anwohner knarrte er in den Schlaf, ein halbes Jahrtausend lang.

Vierzehn Stunden im Leben eines Doms

Ein Werktag im November. Tausende werden heute wieder staunend durch das Kölner Weltwunder streifen, viele werden frösteln, einzelne sich schlecht benehmen; ein paar hundert werden beten; fünfzig Spezialisten werden an ihm meißeln, feilen, mörteln, putzen – an diesem Labyrinth der zehntausend Türme, Giebel, Pfeiler, Bogen, Nischen, Rippen und Gewölbe, diesem bis zum letzten Zentimeter durchgeformten Kunstwerk der hunderttausend steinernen Blumen, diesem riesigen Wrack aus rieselndem Stein.

Wie lebt der Koloß mit den Tausenden, die ihn an seinem Vierzehnstundentag besuchen, beschützen, befummeln, bewundern?

5.57 Vor dem großen Westportal warten zwei Rentner auf Einlaß. Ein rupfiger Wind treibt Regentropfen über den Domvorplatz, auf dem es zu dieser Zeit mehr Laternen als Passanten gibt.

6.03 Ein alter Mann in rotem Talar – ein »Domschweizer« – schließt das Westportal auf und wünscht einen guten Morgen. Durchs Langhaus, dessen Gewölbe sich hoch über den wenigen Hängelampen in der Düsternis verlieren, gehen die beiden Rentner in die geheizte Sakramentskapelle.

6.05 Eine junge Frau zündet auf dem Weg zur Kapelle eine Kerze vor der Schmuckmadonna an, einer Marienfigur, die von dankbaren Gläubigen mit Perlen, Ringen, Broschen behängt und umlegt worden ist. Nun teilen sich drei Betende mit den drei Schweizern die 6200 Quadratmeter des Doms unter den 64 himmelhohen Pfeilern.

6.10 Der Pfarrer stellt Hostie und Wein auf den Altar. Ein junger Mann mit rotem Rucksack schlendert durch den Dom – der erste Tourist.

6.03 Uhr: Ein Domschweizer öffnet das Westportal. Das Hereintröpfeln der Gläubigen und der Ansturm der Touristen beginnen.

Ab 9 Uhr ist der Südturm frei zur Besteigung: über 509 Stufen auf 97 Meter Höhe, an den gewaltigen Glocken vorbei.

6.30 Frühmesse in der Sakramentskapelle: der Pfarrer mit drei Männern und einer Frau.

6.45 Die Putzfrau schließt die Dombauhütte auf, eine moderne Werkstatt, die sich an die Südseite des Chors anlehnt. Im Dom gehen die ersten Gläubigen zur Beichte in eine der Chorkapellen.

7.00 Die Aveglocke von 1911, 830 Kilo schwer, läutet fünf Minuten zur zweiten Messe um 7.15 Uhr. Im Dom nehmen die drei Putzfrauen – katholisch, nicht geschieden – die Arbeit auf.

7.30 Arbeitsbeginn in der Dombauhütte. Der Steinmetzmeister Anton Meid inspiziert die Werkstätten der Steinmetzen, der beiden Schreiner und des Schlossers. Meid, 52 Jahre alt, arbeitet hier seit 26 Jahren. Ist er stolz darauf? Verschafft seine ungewöhnliche Position ihm ein gewisses Ansehen bei Nachbarn und Freunden? »Eigentlich nicht«, sagt er. »Nur, wenn ich erzähle, was ich mache, kucken die alle nach oben.«

Arbeitsbeginn auch auf den Baustellen in, an, auf und unter dem Dom. Zwei Elektroinstallateure einer Fremdfirma, die heute den höchsten Arbeitsplatz haben, holen ihr Werkzeug aus dem Keller und gehen zum Lastenaufzug an der Nordseite des Langhauses.

7.45 Unter dem Läuten der 1400 Kilo schweren Kapitelglocke von 1911 erreichen die beiden Elektriker die Dachgalerie in 45 Metern Höhe. Durch den Dom geht ein Dutzend Gläubige zur dritten Messe. Unter den Touristen befinden sich zwei Schwarze und drei Japaner.

7.50 Die beiden Elektriker beginnen mit dem Aufstieg auf das Gerüst, das sie am Nordturm bis in 97 Meter Höhe führt. Von unten, vom Domvorplatz aus gesehen hängt es da oben wie eine Himmelsleiter. An den Ziertürmen, die den 62 Meter hohen Turmhelm umstehen, installieren die Elektriker sechzehn Scheinwerfer, mit denen der Helm angestrahlt werden soll; außerdem verlegen sie Kabel und Telefonanschlüsse zur Erleichterung künftiger Bauarbeiten.

Im Dom kramt eine runzlige Stadtstreicherin Kleingeld aus ihren drei Plastiktüten und wirft einen Teil in den Opferstock. Vor der Schmerzensreichen Mutter Gottes zündet sie fünf Kerzen an.

8.10 In der Dombauhütte frißt sich die große Steinsäge, von einem Laserstrahl geleitet, kreischend in einen Basaltlava-Block und formt ihn roh für seinen künftigen Platz im Gewände (der schräggestuften Maueröffnung) des großen Fensters zwischen den Türmen, das im Januar 1945 von einer Bombe zerrissen und 1956 nur teilweise erneuert worden ist. Der Sägemeister und der Steinmetz, der die Feinbearbeitung des Blocks übernehmen wird, sehen der Maschine zu. Sie tragen Ohrenschützer. Staub entsteht nicht: Ein dicker Wasserstrahl ist dorthin gerichtet, wo das Sägeblatt sich einfräst.

8.25 Der 32jährige Archäologe Dr. Ulrich Back setzt sich in seinem Büro in der Dombauhütte an seinen neuen Computer und probiert ein Programm aus, das alle Ausgrabungsfunde seit 1946 – mehr als hunderttausend – kreuz und quer erfassen soll, vor allem zugunsten künftiger Fundbearbeiter, die sonst unmöglich die Übersicht behalten könnten. Zur Zeit sind nur zwei Maurer damit beschäftigt, die bisher ausgegrabenen Flächen fünf Meter unter dem Domfußboden zu sichern und begehbar zu machen.

Der Dom wurde ja auf dem Schutt der römischen Stadt Colonia Agrippinensis gebaut, dem Sitz des Statthalters von Niedergermanien. Vier bis zehn Meter dick ist der Schutt geschichtet und nun streckenweise abgetragen, um die gewaltigen Fundamente der Pfeiler herum; Reste der römischen Stadtmauer und eines Tempels sind auf diese Weise freigelegt, Sarkophage, Grabplatten, Skulpturen, Mosaike und Scherben geborgen.

8.30 Die beiden Turmwächter beginnen mit dem Aufstieg über die steile Wendeltreppe im Südturm. Dabei sammeln sie Bonbonpapier und Zigarettenkippen auf. Der eine bezieht sein Wetterhäuschen – mit Ofen, Radio, Telefon – in 53 Metern Höhe am Glockenstuhl, der andere an der obersten Aussichtsplattform im unteren Teil des Turmhelms, 97 Meter über den Straßen von Köln.

8.45 Zum zweitenmal läutet für fünf Minuten die Aveglocke. Im Dom bewegen sich jetzt ein paar Dutzend Menschen in der trüben Dämmerung.

9.00 Der Südturm wird zur Besteigung geöffnet, eine Schulklasse von Vierzehnjährigen aus Düsseldorf hat schon gewartet. Geöffnet werden auch die Schatzkammer im nördlichen Querhaus und das Nordportal, dem nahen Hauptbahnhof gegenüber. Bis Anfang 1988 war dieser Eingang schon seit 6 Uhr offen wie das Westportal, doch verwandelte sich da der Dom von 7 bis 9 in eine »Rennstrecke« für Hunderte von Berufstätigen, die das 73 Meter lange Querhaus durcheilten, statt um den Dom herumzugehen, und so zwei Minuten auf dem Weg zur Arbeit sparten. (Warum auch nicht – im 15. Jahrhundert wurde das Straßburger Münster sogar von Schweineherden durchquert.)

Professor Arnold Wolff, der Dombaumeister, betritt sein Büro, der Südfront des Doms gegenüber. In der Dombauhütte und auf den Baustellen machen die Handwerker pünktlich eine Viertelstunde Frühstückspause.

9.25 Er ist schwarz, spricht Portugiesisch und Englisch und fragt, ob dies eine katholische Kirche sei. Freigebig verteilt er seine Visitenkarte. Auf der liest man »Nieder mit dem Rassismus!« und den Namen Januario Garcia Filho, Rio de Janeiro, Präsident des Instituts zur Erforschung der schwarzen Kultur in Brasilien. Die Bundesrepublik bereist er, um für sein Land und diese Kultur zu werben. Großartig sei er schon, der Dom, sagt er, nur fühle man sich auf seinem Grund platt wie eine Küchenschabe, »cockroach«, sagt er, das portugiesische »barata« schiebt er schnalzend nach.

9.50 Der Dombaumeister, im Parka und mit Baskenmütze, beginnt seine tägliche Runde um den Dom, auf ihn, in ihn und unter ihn. Erste Station: Höhe 14 Meter, Begutachtung des neuen Dachstuhls über der Sakristei von 1277. Hier ist eine Betondecke eingezogen und der Probenraum für den Domchor, der sich von jeher hier befindet, neu hergerichtet worden.

9.55 Über die Leitern des Gerüsts turnt Wolff sieben Meter hinauf und zwängt sich durch eine Tür in den schmalen Laufgang hinter dem Triforium, der Spitzbogen-Galerie, die sich in halber Höhe um Lang- und Querhaus zieht: Tiefblick 20 Meter, Hochblick 25 Meter, darin die 17 Meter hohen Fenster des Obergadens – eine überwältigende Perspektive, eine der großartigsten Raumwirkungen, die der Mensch je zustande gebracht hat. Der Öffentlichkeit ist dieser Laufgang unzugänglich.

Ein Maurer zeigt dem Dombaumeister die Ausbeute der ersten zwei Arbeitsstunden: einen Eimer mit Hunderten von Nägeln und Eisenstiften, im 19. und 20. Jahrhundert leichtfertig allerorten eingeschlagen und nun eine Quelle von Rost und Zerstörung. Alle Löcher werden auf der Stelle zugemörtelt. »Man möchte nicht glauben, was die für Löcher in den Dom gemacht haben«, seufzt Arnold Wolff. »Jedes Loch ist ein Loch zuviel.« Wer ein neues bohren will, muß den Dombaumeister fragen.

Mit wenigen Löchern auszukommen war ein Kunststück, als es galt, die von der Feuerwehr geforderten Leerrohre bis auf 46 Meter hochzuziehen. Durch sie läßt sich im Brandfall Wasser pumpen. Die Auflagen der Feuerwehr erfüllen, Stromkabel verlegen, modernisieren – das ist einer der drei Schwerpunkte der Arbeit am Dom. Der zweite: die Bausubstanz erhalten, wie es jeder Hausbesitzer tut; der dritte: die Denkmalpflege, die Beseitigung der Schäden, die durch Krieg, Steinfraß und Verfall entstanden sind. Darauf konzentriert sich die Bauhütte; die übrigen Arbeiten werden zumeist von Fremdfirmen ausgeführt.

Etwas säuerlich blickt Wolff auf briefmarkengroße Köpfe, Willy Millowitsch zum Beispiel, die die Glasmaler in kopierte Fenster gezeichnet haben, um sich die Langeweile der wiederkehrenden Motive zu verkürzen. Der vorige Dombaumeister hat das geduldet. Die Steinmetzen sind noch weitergegangen: In entlegenen Winkeln des ungeheuren Irrgartens haben sie 1917 die Köpfe von Hindenburg und drei alliierten Generalen gemeißelt, 1965 Chruschtschow mit dem Schuh, mit dem er 1960 in der UNO-Vollversammlung auf den Tisch gehauen hatte.

10.00 Mit dem Lastenaufzug fährt der Dombaumeister von 20 auf 45 Meter, zur Dachgalerie des Kirchenschiffs, inmitten seiner chaotisch wirkenden Takelage, die in Wahrheit das ausgeklügelte Skelett dieses Steinpalastes ist. 15 Meter hoch steigt das Satteldach darüber auf, mit Bleiplatten gedeckt. Sie sind heute wie einst 1,50 Meter lang, 55 Zentimeter breit, drei Millimeter dick und wiegen 28 Kilo, aber ein Bleidach ist leichter als ein Ziegeldach, dauerhafter sowieso – und beides schlägt durch bei 12 000 Quadratmetern Dachfläche, mehr als anderthalb Fußballplätzen.

Auf dem südlichen Querhaus baut die Gerüstbaukolonne der Dombauhütte die Arbeitsplattform in 59 Metern Höhe, zwei Meter höher als die höchste Spitze der Basilius-Kathedrale am Roten Platz in Moskau, wieder ab. Von der Plattform aus wurden die Lilien aus vergoldeter Bronze ausgetauscht, von denen 187 den Dachfirst krönen.

10.10 Ein achtjähriges Mädchen kommt auf Rollschuhen ins Kirchenschiff gefahren. Ein Domschweizer ermahnt sie väterlich, die Würde des Gotteshauses zu wahren; da nimmt sie die Rollschuhe in die Hand und zieht gemessenen Schrittes dem Hochaltar entgegen.

Der Dombaumeister durcheilt den Dachstuhl über dem Langhaus und kommentiert ärgerlich, was alles hier herumliegt: Ziertürmchen, Baldachine, Statuen zu Tausenden, verwittert, zerbrochen, ohne Köpfe, dazu Baumaterial und Gerümpel. Aber weggeworfen wird nichts, was aus dem Mittelalter stammt, Lagerräume sind im Entstehen, und eines Tages wird hier oben alles leer und sauber sein!

10.15 Über die 509 steilen Stufen stürmt eine Schulklasse von Zwölfjährigen aus Lüdenscheid den Südturm hinauf. »Geil«, sagt einer beim Anblick der neun Glocken.

Ein anderer ärgert sich über den Automaten, der sie für eine Mark erklärt: Heute spricht er nur Holländisch und Französisch; Deutsch und Englisch sind kaputt.

In 70 Metern Höhe endet die steinerne Wendeltreppe in einer Halle mit acht unverglasten Riesenfenstern: im Osten der Dachfirst, neun Meter tiefer; der Dachreiter, 39 Meter höher und hier gewaltig anzusehen; und in Verlängerung des Firstes die Schwünge der Hohenzollernbrücke.

Über eine Eisentreppe erreichen die Schüler die Plattform unter dem Turmhelm und blicken staunend in die noch 50 Meter höhere achteckige Pyramide aus tausendfältig durchbrochenem Stein. Sie lesen sich die eingeritzten Inschriften vor (»Vera, ich liebe dich«), und auf dem äußeren Umgang kreischen sie (»Hu, mir wird schwindlig«), obwohl der eingegittert ist wie ein Tigerkäfig, um Selbstmordversuche zu verhindern. Im Westen, weit genug entfernt, der 273 Meter hohe Fernsehspargel von 1980; in der Tiefe im Osten der Rhein, auf drei Seiten der Kranz der romanischen Kirchen und ein bißchen Köln; überwältigend der Nordturm, nur 13 Meter entfernt, und die tausend Zinnen des gotischen Gebirges.

10.20 Arnold Wolff ist wieder zu ebener Erde angelangt und besieht sich den Abbau des Gerüstes, mit dessen Hilfe auf der Nordseite des Langhauses eine Außenschutzverglasung vor dem 15 Meter hohen mittelalterlichen Fenster eingesetzt worden ist. Im »Erdgeschoß« (das reicht bis 20 Meter hinauf, die Höhe eines sechsstöckigen Hauses) haben zwei Drittel aller Fenster schon eine Schutzschicht aus Verbundsicherheitsglas – nicht nur gegen Abgase und Verwitterung, auch gegen Steinwürfe. Ein ungelöstes Problem dabei: Der Dom bleibt ungeheizt, und auf der Nordseite können sich Eiskrusten auf dem Schutzglas bilden, die sich bei Tauwetter in einen Sturzbach verwandeln.

10.25 Der Dombaumeister an der Baustelle Nordturm: In den untersten sechs Metern des Nordwest-Pfeilers klafften sichtbare Risse, die sich im Inneren des Pfeilers fortsetzten. Innen sind sie vermörtelt, die äußeren Quader bis zehn Meter Höhe ausgetauscht; nun sind die Quader weiter nördlich an der Reihe.

10.30 Ein Fünfjähriger klettert auf den Altar der Schmerzensreichen Madonna. Da schießt in die Füße des nächststehenden Domschweizers eine ungewohnte Eile, er erkennt die Eltern und fordert sie höflich auf, dem Unfug ein Ende zu bereiten; ungehalten wird er erst, als der Vater fragt: »Warum?« Kaum ist die Familie außer Sicht, da flucht der Schweizer halblaut vor sich hin, deutsch und lateinisch im Wechsel.

Drei Schweizer sind jeweils präsent – Rentner, die sich ein Zubrot verdienen wollen und ein bißchen stolz sind auf ihre Wächterrolle in diesem Haus. Auf sittliche Kleidung und würdiges Benehmen haben sie zu achten, Rauchen und Essen zu verhindern, Hunde und Betrunkene fernzuhalten. Im Winter ist es hart: Da tragen die Schweizer luftgepolsterte Schuhe, und gelegentlich wärmen sie sich auf in der geheizten Sakristei. Einer in dieser Schicht war Besitzer einer Maschinenstrickerei, er hat sie seinen Söhnen übergeben und verbringt jetzt seine Tage, wie er sagt, »im Dom, dem Mittelpunkt der Welt«.

10.35 Arnold Wolff eilt durch den ehemaligen Luftschutzkeller zehn Meter unter der Sakristei, einst für Benutzer des nahen Hauptbahnhofs eingerichtet. Hier entsteht ein *Lapidarium,* ein Lager für mittelalterliche Bauteile. Ärgerlich stößt Wolff den Schrott beiseite, der noch in einer Ecke liegt. Auch die zusätzlichen Eisenträger müssen weg!

Damit ist der tägliche Rundgang beendet. Der Dombaumeister stürmt durchs Langhaus, wo die Schweizer ihn ehrerbietig grüßen, jedoch meist zu spät, und über den Roncalliplatz in sein Büro zurück.

11.00 Durch den Dom bewegen sich nun an die zweihundert Menschen auf einmal – Deutsche, Holländer, Belgier, Franzosen, Amerikaner und Japaner, fast zur Hälfte Kinder. Auf jeden Betenden kommen zehn Touristen oder mehr. Manche bleiben fünf Minuten, manche stundenlang, die meisten dämpfen die Stimme, alle recken den Hals.

11.20 Anton Meid, der Steinmetzmeister, macht zum zweitenmal die Runde durch seine Werkstätten in der Dombauhütte. All seine Leute werden übertariflich bezahlt und haben, nach Lehre oder Probezeit, eine Lebensstellung. Eine Ausnahme macht nur Uwe aus Kassel, ein 24jähriger in weißem Anzug mit ausgestellten Hosen, einen schwarzen Hut über dem Zopf. Er *wandert*, gestützt auf Adressen, die er von der Gesellschaft »Axt und Kelle« bekommen hat; in der Dombauhütte bat er um ein Zehrgeld. »Das gibt's hier nicht, aber du kannst drei Monate bei uns bleiben«, sagte der Meister. Nun schafft Uwe am Maßwerk für das große Fenster in der Westfassade; mit Meißel und Klöpfel, dem hölzernen Rundhammer, womit immer noch 80 Prozent der Steinmetzarbeit geleistet wird, trotz Motorsäge und Preßluftmeißel. »Ich bin stolz, hier zu sein«, sagt Uwe, »das hilft mir weiter.«

Mit Preßluft läuft die Arbeit viel schneller als mit dem Klöpfel, aber sie schlägt auf Handgelenke und Ellenbogen und erfordert Staubabsaugung, Ohrenschützer und schallschluckende Wände. So wird der Preßluftmeißel nur von zwei Steinmetzen benutzt.

Unter den fünf Steinmetzlehrlingen befinden sich zwei Frauen. Sind sie denn »stark und wasserdicht«, wie man es von einem Steinmetzen sprichwörtlich verlangt? Sie bejahen es. »Bewerber haben wir genug«, sagt Anton Meid – »mehr Frauen als Männer, und die sind ungeheuer ehrgeizig.« Wonach wählt er aus? Elternhaus intakt – Vater möglichst Handwerker – sportlich durchtrainiert.

12.00 Vom Dachreiter herab läutet drei Minuten lang die Angelusglocke aus dem 14. Jahrhundert, 763 Kilo schwer. Mittagspause auf den Baustellen und in der Dombauhütte. Eine Kantine gibt es nicht, jeder bringt sich seine Mahlzeit mit. Die Handwerker aus 45 Metern, 59 Metern und 97 Metern Höhe treffen sich in einem feuerfesten achteckigen Pavillon mit Heizung, Herd und Kühlschrank im

Dachstuhl des Langhauses, der einer Bahnhofshalle ähnelt in seinen Dimensionen und mit seinen Eisenträgern.

12.30 Die Arbeit wird wieder aufgenommen – ohne falsche Hast, die wäre ja gegen den Geist der Gotik. Auf dem Innenhof der Dombauhütte, unter dem Strebewerk des Chors, spielen drei Steinmetzen noch Fußball zwischen zwei Meter hohen Ziertürmen, die schwarz von Schmutz und dazu grün von Moos und Flechten sind; sie warten auf Restaurierung oder dienen den Steinmetzen als Modelle.

14.00 Schichtwechsel bei den Schweizern: Die nächsten drei übernehmen. Zwei müssen auch die Nacht im Dom verbringen; er wird zwar abgeschlossen, aber es ist leicht, sich vorher zu verstecken, wenn man ein Dieb, ein Penner oder ein Betrunkener ist.

Der Dombaumeister empfängt den Leiter des Labors des Bayerischen Landesamts für Denkmalspflege. Man bespricht ein Forschungsprogramm zur Konservierung mittelalterlicher Glasmalereien. Zwischen den Terminen sitzt Professor Wolff an seinem Bericht und mehreren Artikeln für das »Kölner Domblatt«, das alljährlich im Dezember erscheint.

14.30 Die drei Putzfrauen im Dom machen Feierabend. Unter der Orgelempore beginnt die erste der beiden Domführungen, rund fünfzig Menschen haben sich versammelt und begeben sich in die Obhut des 75jährigen Ingenieurs und Amateurkunsthistorikers Bruno Molterer. Er verweilt vor dem Gerokreuz, dem berühmten überlebensgroßen Kruzifix aus dem 10. Jahrhundert, in Köln entstanden und stilbildend für die folgenden Jahrhunderte; er fordert seine Zuhörer auf, das Alter des Kreuzes zu schätzen – wie er sie auch fragt, ob sie wüßten, wo die erste Universität gegründet worden sei und wer die Kathedralen im Fußbodenmosaik vor dem Hochaltar erkenne. Wer den Südturm besichtigen will, dem gibt Molterer den Rat: achtmal rauf und runter, das verzehrt ein Pfund Körpergewicht.

15.15 Die beiden Elektriker auf dem Nordturm beginnen mit dem Abstieg. Vor dem Nordportal rollen leere

Bierdosen im Novemberwind, ein Pflastermaler – Madonna mit dem Jesuskind – stößt sie ärgerlich beiseite.

15.45 Der Kartenverkäufer unten im Südturm läßt keine Leute mehr nach oben. Dem Aufseher auf der Aussichtsplattform ruft er telefonisch durch, wie viele Besucher er zuletzt hinaufgelassen hat.

Die Handwerker in der Dombauhütte begutachten ihr Tagewerk. Willi Bauer, Steinmetz, hat zwei Kreuzblumen von je drei Zentimetern Durchmesser aus dem weichen Kalkstein gekratzt, Zierat an einem steinernen Baldachin, der ihn rund ein Jahr Arbeit kosten wird.

Günter Hettinger, Kunstglaser, seit vierzehn Jahren in der Dombauhütte, und Hildegard Stocksiefen, Glasmalerin und Restauratorin, haben die Schmutzkruste der Jahrhunderte entfernt von etwa zwei Fünfteln der einen Seite eines Glasfeldes von 110 mal 100 Zentimetern, mit einem Schweineborstenpinsel und an hartnäckigen Stellen mit dem Skalpell.

Das Feld besteht aus rund 200 asymmetrischen Glasstükken von der Größe einer Briefmarke bis zur Größe einer Postkarte, durch Bleistreifen zusammengehalten; 40 solcher Felder aus je 200 Stücken bilden zusammen das Fenster »Anbetung der Könige« im nördlichen Langhaus, 15 Meter hoch und als eines der letzten im Mittelalter eingesetzt.

Nach etwa fünf Tagen gemeinsamer Arbeit wird das Feld auf beiden Seiten gereinigt sein – ohne Wasser, ohne Chemie, um die eingebrannte Malerei nicht zu beschädigen. Etwas Patina bleibt. Danach kleben die beiden Restauratoren mit einem Spezialkitt die Sprünge, die in vielen der 200 Glasstücke aufgetreten sind. Wo solche Sprünge – manchmal ein Dutzend pro Stück – im 19. Jahrhundert durch »Notblei« überdeckt wurden, entfernen sie dieses und ersetzen es durch Kitt. Schließlich erneuern sie die bleierne Randeinfassung, und in zwei bis drei Wochen werden die beiden eines der 40 Felder des Fensters restauriert haben.

Ist dann eines fernen Tages das Fenster mit allen Feldern wieder eingesetzt, so wird das heute bearbeitete Feld zwölf Meter über dem Boden hängen, und nur Kenner werden sich an den Details erfreuen können, zumal wenn sie mit einem Fernglas bewaffnet sind; die meisten Touristen werden nur den Eindruck mitnehmen: Schöne Fenster in dem alten Dom.

»Aber ich habe das Gefühl: Du hast ein Stück zum Dom beigetragen«, sagt Günter Hettinger. Diesen Trost brauche er auch – denn ermüdend sei es schon, bis zu dreißigmal über dieselbe Stelle zu bürsten; ein Geduldsspiel, bei dem einem der Faden auch mal reißen könne. Andererseits: »Wie hier jedes Detail, auch das unsichtbare, mit äußerster Liebe behandelt wird, das ist schon faszinierend.« Mit zehn Restauratoren ist die Dombauhütte die größte Glasrestaurierungswerkstätte der Erde.

16.00 Feierabend auf den Baustellen und in der Bauhütte. Professor Wolff erläutert den zwölf Domkapitularen sein Bauprogramm fürs nächste Jahr. Stimmt das Kapitel zu, so geht der Etat zur Genehmigung an die Dombaukommission, bestehend aus dem Domprobst als dem Hausherrn, dem Erzbischof und dem nordrhein-westfälischen Minister für Stadtentwicklung und Verkehr.

17.05 Ans Gewände des Hauptportals gelehnt, bläst ein junger Mann auf der Trompete »Il silenzio« in die Abenddämmerung. Münzen fallen in den Instrumentenkasten, der Künstler zieht zur Hohen Straße weiter.

17.45 Zwei Minuten lang bimmelt die Mettglocke von 1719, 280 Kilo schwer, die kleinste der zehn Glocken.

18.00 Rosenkranzandacht in der Sakramentskapelle. Draußen vor dem Hauptportal spielen vier bolivianische Indianer in buntgestreiften Ponchos auf zwei Flöten und zwei Gitarren. Jedes zweite Stück ist »El Condor paso«, denn das macht Münzen locker in dem Halbkreis, der sich um die vier gebildet hat.

18.15 Fünf Minuten lang läutet die *Ursulaglocke* von 1862, mit 2550 Kilo die fünftgrößte des Doms, jedoch die schwerste von denen, die an Werktagen zu hören sind. An Sonntagen läuten die *Dreikönigenglocke* von 1880 (3800 Kilo) und die *Speciosa* von 1449, Gewicht 4300 Kilo; nur achtzehnmal im Jahr die 11 Tonnen schwere *Pretiosa* von 1448; und nur zu hohen kirchlichen Feiertagen, neunmal im Jahr, die 24 Tonnen der *Petersglocke* von 1923.

18.30 Kapitelmesse in der Sakramentskapelle, gehalten von einem violett gekleideten Domkapitular. An keinem der heutigen Gottesdienste haben mehr als fünfzig oder sechzig Menschen teilgenommen; an Sonntagen sind es schon mal ein paar tausend in dem Dom, der 20 000 faßt.

19.15 Unter den letzten Besuchern fällt ein Pärchen in lederner Motorradkluft auf, 18 Jahre alt, beide mit wallendem Haar. Sie sind mit der Bahn aus Düsseldorf gekommen: den Dom ansehen und dann in die Disko.

19.25 Die Schweizer beginnen Besucher abzuweisen. Drei Bundeswehrsoldaten in Zivil sind traurig darüber, erkundigen sich, wann wieder aufgeschlossen werde, und versichern fröhlich, dann würden sie eben um 6 Uhr morgens wiederkommen.

19.30 Der Dom wird abgeschlossen. Arnold Wolff verläßt sein Büro und eilt hinauf in seine Wohnung, von der er dieselbe Aussicht hat: Rundum angestrahlt, strebt der Koloß in den Novemberhimmel, unwirklich und stumm.

Welcher Inbrunst hat es einst bedurft, um seinen Bau zu wagen, welcher Vision von himmlischer und irdischer Größe! Wie und warum das Städtchen Köln sich vor siebenhundert Jahren zu diesem Kraftakt aufraffte, welche artistischen Leistungen die Bauleute vollbrachten, wie den Kölnern dann der Atem ausging und was alles zusammentreffen mußte, damit der Koloß dennoch in den Himmel wuchs – das ist eine spannende Geschichte.

Hier wird ein Fallrohr eingebaut: für eine Toilette im Dachstuhl, damit die Arbeiter nicht so lange Wege haben.

Blick in den Dachraum des Querhauses: 73 Meter lang, 16 Meter hoch über die Kreuzrippengewölbe aufragend.

Professor Arnold Wolff, der Dombaumeister, beim täglichen Rundgang über eine der kompliziertesten Baustellen der Welt.

Auf den Millimeter vermessen und dann mit dem hölzernen Rundhammer ausmeißeln – der Alltag des Steinmetzen, wie vor 700 Jahren

Ein Restaurator in der Modellkammer des Nordturms. Das Riesige und das Winzige machen gleich viel Mühe.

Blick vom Langhaus nach Südosten: Deutzer Brücke, die Kirche Groß-St.-Martin, vorn rechts die Kriechblume eines Zierturms.

Fünf Meter unter dem Domfußboden: Um die Fundamente der Pfeiler herum wird der Schutt der römischen Siedlung ausgegraben.

Strebebögen mit Kriechblumen, Ziertürmen und Ziergiebeln – eine Welt des Filigrans, in die nur die Handwerker hinaufsteigen.

Zwei der fünf Steinmetz-Lehrlinge in der Dombauhütte sind Frauen. Mit dem hölzernen Klöpfel geht es dem Stein zuleibe.

61 Meter hoch ist der First des Langhauses, bleigedeckt, von Lilien gekrönt, von Ziertürmen zu Tausenden umstanden.

Das Langhaus setzt sich in der Hohenzollernbrücke fort – so wünschte es der Preußenkönig Friedrich Wilhelm IV.

Die Dombauhütte unterhält die größte Glasrestaurierungswerkstatt auf Erden. Am Anfang steht das Absaugen des Schmutzes.

Dachdeckerarbeiten über der Sakristei. Unter diesem Dach liegt von alters her der Probenraum für den Domchor.

In entlegenen Winkeln haben die Glasmaler das Einerlei der religiösen Motive durchbrochen und Phantasieköpfe entworfen.

Dachdecker am Langhaus. Der Dom ist mit 12 000 Quadratmetern Bleiplatten gedeckt, so groß wie anderthalb Fußballplätze.

In der Dombauhütte steht eine lasergesteuerte Steinsäge. Wer sie bedient, muß Ohrenschützer tragen.

Feinarbeit an den Kriechblumen, dem allgegenwärtigen Zierrat an Türmen, Giebeln und Strebebögen.

1248: Die Vision von der größten Kathedrale der Welt

Was ging in den Herzen und den Hirnen der Kölner vor, daß sie sich aufmachten, die größte Kathedrale der Welt zu errichten im 1248. Jahr »nach der Menschwerdung des Herrn«? (So sprach man damals.) Welch einzigartige Mischung aus Gläubigkeit und Geltungsrang mußte da zusammentreffen, gepaart mit einem selbstverständlichen Konsumverzicht bei Menschen, die zumeist ohnehin in Armut oder hart an ihrem Rande lebten?

Noch dazu waren die Kölner auch ohne den Dom genug beschäftigt: Mit ihrem eigenen Erzbischof lagen sie in Fehde, sie bauten noch am weltberühmten Kranz der zwölf romanischen Kirchen, und seit 1180 bauten sie an ihrer neuen Mauer, mehr als acht Kilometer lang, eine der stärksten Stadtbefestigungen des Mittelalters, aus mehr als einer halben Million Tonnen Steinen geschichtet, die überwiegend aus dem Siebengebirge auf Lastkähnen herangeschafft und dann in Hunderttausenden von Fuhren vom Rheinhafen zu den Baustellen hinaufgezogen wurden.

Mit dem heute üblichen Anteil des Verteidigungsetats am Bruttosozialprodukt war eine solche Festung nicht zu finanzieren, so wenig wie der Dom aus dem »Zehnt«, dem Vorläufer unserer Kirchensteuer. Nein, da mußte man förmlich besessen sein von der Angst vor irdischen Feinden und von der Hoffnung auf himmlischen Lohn, damit man die Leistungskraft von Generationen in die beiden Riesenwerke steckte.

Auf den Lohn des Himmels durften alle hoffen, die Armen noch etwas mehr als die Reichen; den militärischen Schutz aber hatten sich die Reichen ausgedacht, aus Angst, ihren Reichtum einzubüßen: jene vierzig Kaufmanns- und

So lebte man im Rheinland um 1500, als die erste Bauphase zu Ende ging: ein Holzfäller . . .

. . . und ein reicher Kaufmann, der sich bei der Tafel aufwarten ließ. Völlerei war eine verbreitete Sünde.

Tuchmacher-Familien, die Köln beherrschten, gekleidet in indische Seide und russische Pelze, behängt mit venezianischem Schmuck, gesalbt mit arabischen Wohlgerüchen und gemästet von ungarischen Ochsen. Ihre Kinder schickten manche auf die Universitäten von Bologna oder Padua.

Es waren nur Krankheit und früher Tod, was die Reichen mit den Armen teilten: Ein 40jähriger war damals »alt«, bei 47 lag das durchschnittliche Sterbealter der Männer, bei 44 das der Frauen, des Kindbettfiebers wegen. Wer 12 war, galt als erwachsen, wer 50 war, als Greis, und 1195 seufzte der spätere Papst Innozenz III.: »Wenige erreichen jetzt 60, ganz wenige 70 Jahre« – womit er ausdrücklich dem 90. Psalm widersprach: »Unser Leben währet 70 Jahr, und wenn's hoch kommt, so sind's 80 Jahr«, heißt es darin. Innozenz wurde 56.

Die Reichen, mit ihrem oft unmäßigen Genuß von Wildbret, Geflügel und Wein, starben häufiger am »Schlagfluß« oder an Leberzirrhose, die Armen, in der schrecklichen Hygiene ihrer Einraum-Hütten, mehr an Ruhr, Cholera, Pocken, Tuberkulose oder dem »Antoniusfeuer«, der Vergiftung durch den Mutterkornpilz, der mit Vorliebe in vergammeltem Roggen wohnte und die Gliedmaßen schwarz und brandig machen konnte, bis sie abfielen. Das Antoniusfeuer war also der Lepra ähnlich, die die Kreuzritter aus dem Orient eingeschleppt hatten.

Gegen Krankheit gab es ein paar Kräuter oder den Aderlaß, das meist törichte Allzweckmittel des Mittelalters; es gab die Gewöhnung – man war dann halt einer mehr unter den Lahmen und den Lallenden mit den zahnlosen Mündern und den triefenden Augen. Es gab die Pilgerfahrt zu den Reliquien des Heiligen, von dem man sich Linderung versprach, und vor allem gab es den Glauben, daß jede Krankheit von Gott komme und es allein an ihm liege, ob er sie heilen wollte oder nicht.

War die Erde nicht ein Jammertal? (Psalm 84.) Hatte Jesus nicht gesprochen: »Weh euch, die ihr hier lachet! Denn ihr werdet weinen und heulen« (Lukas 6,25). Gäste und

Im Spital lagen alle vierter Klasse. Im Vordergrund wird ein Verstorbener in Leichentücher eingenäht.

Fremdlinge sind wir auf Erden, schrieb Paulus den Hebräern. »Mit welchen Gefährten lebt der Mensch?« fragt der König den Philosophen in der um 1300 entstandenen Geschichtensammlung »Gesta Romanorum«. Und der Weise antwortet: »Mit sieben: Hunger, Durst, Hitze, Kälte, Müdigkeit, Krankheit und Tod.«

Auch die Armut kam von Gott, und folglich konnte sie nicht schlechter als der Reichtum und nicht weniger verdient und angemessen sein. Gott hatte die Welt ein für allemal geordnet, Veränderungen gab es nicht und sollte es nicht geben, Begriffe wie »Fortschritt« oder gar »soziale Gerechtigkeit« waren unbekannt. Alle Hoffnung richtete sich auf die Wiederkehr Christi am Jüngsten Tag, auf die Erlösung.

Nicht einmal die *Kinder* der Ärmsten sollten es eines Tages besser haben: Unehelich Geborene blieben ihr Leben lang »unehrliche Menschen«, denen das Bürgerrecht ebenso versagt blieb wie die Aufnahme in eine »ehrliche Zunft«. Die gleichen Nachteile erlitten selbst die ehelich Geborenen, wenn sie »unehrliche Eltern« hatten, und das waren Henker, Büttel, Schinder, Totengräber, Spielleute oder Bader. Ortswechsel nützte nichts: Als ein Augsburger Goldschmied in Köln – zwei Wochen dauerte die Reise – Meister werden wollte, da holte die Kölner Goldschmiede-Zunft bei den Augsburger Kollegen förmliche Auskunft darüber ein, ob er ein eheliches Kind von ehrlichen Eltern sei.

Unwillkürlich fühlen wir uns von einer solchen Gesellschaftsordnung abgestoßen. Doch das ist der Hochmut der Nachgeborenen. Die armen Teufel von damals wußten es nicht besser, sie lehnten sich nicht auf, Neid war ihnen fremd, sie mögen sogar halbwegs zufrieden gewesen sein. Mindestens hatten sie keine Probleme mit dem Sinn des Lebens. Auch ist ja bemerkenswert, daß es diese vollkommen statische Gesellschaft war, die jene unerhörte Dynamik des Bauens entfaltete – während unsere vollkommen dynamische Gesellschaft es nur selten über Eigentumswohnungen, Sporthallen und Bankhochhäuser hinausbringt.

Zur unangefochtenen Stabilität der Gesellschaft trug der Umstand bei, daß die Armen durchaus das Gefühl haben konnten, *gebraucht* zu werden – von den Reichen; und zwar nicht so sehr als ausgebeutete Arbeitskräfte (viele von ihnen bettelten ja oder lebten in Spitälern), sondern weil der Reiche sich nur dann als guter Christ empfinden durfte, wenn es Arme gab, denen er Almosen spendete.

Was uns nach Gedankenakrobatik klingt, war dem mittelalterlichen Menschen selbstverständlich: Wenn die Reichen die Armen speisten, so geschah das in der Hoffnung oder gar mit der ausdrücklichen Verpflichtung, daß sie, die Armen, für sie, die Reichen, beteten. Der Rheinische Städtebund, dem Köln angehörte, beschloß 1256: Jeder Einwohner, der ein Vermögen von mehr als fünf Mark besitzt, muß jährlich einen Pfennig für die Armen spenden, »da wir zu Recht von unserem Vermögen unseren Gott ehren sollen«. Für einen Pfennig bekam man einen Laib Brot, und dies also zur Ehre Gottes, nicht etwa, um einen irdischen Hunger zu stillen.

Außer Brot aß der kleine Mann Haferbrei, Kohl, Gurken, Rüben und Kürbisse, bei leidlichem Wohlstand auch Käse und Schinken; Fleisch höchstens an Feiertagen, gesalzene Heringe aus der Ostsee häufiger in dem Maße, wie die Hanse aufblühte.

Kartoffeln waren noch unbekannt, ebenso Tabak; Honig und Zucker Luxusartikel, Butter nur als Salbe im Gebrauch. Gegessen wurde mit den Fingern, denn der Gabel bedienten sich bekanntlich Teufel und Hexen, während Jesus keine verwendet hatte.

Natürlich wurde auch gepraßt, gefressen und gesoffen damals in Köln und anderswo – von den Reichen oft, von den Armen selten, aber desto gewaltiger, wenn Hochzeiten, Schützenfeste, Turniere, Königsbesuche sie ausnahmsweise aus ihrem Einerlei von Brot und Brei befreiten. Waren sie betrunken, so würfelten sie manchmal um den letzten Rock, und einige überfraßen sich bis in den Tod.

Ein schlechtes Gewissen hatten sie dabei genau wie wir: Wir blicken sorgenvoll in den Cholesterinspiegel – sie wußten, daß »Unmäßigkeit« eine der sieben Hauptsünden war und (dem Apostel Paulus zufolge) Saufen und Fressen den Zugang zu Gottes Reich versperrten, genau wie Haß, Hurerei und Mord. Von den Reichen sündigten viele überdies, indem sie Geld gegen Zinsen verliehen, was dem Christenmenschen ja verboten war. Der Religion ohne Rückstand nachzuleben war und ist nun einmal den wenigsten gegeben. Nur daß die Inbrunst des Glaubens damals unvergleichlich viel größer war, daß die Aussicht auf die Freuden des Himmels oder die Qualen der Hölle den Alltag begleitete und daß es zu Exzessen kam, um deren Verständnis wir Heutigen uns vergeblich Mühen.

Da rief also im Jahr 1212 ein Kölner Junge namens Nikolaus alle Kinder auf, ihm ins Heilige Land zu folgen, das Meer wollten sie wie einst Moses trockenen Fußes durchschreiten und Jerusalem den Sarazenen entreißen, die es 1187 zurückerobert hatten. Wurde dieser Knabe geohrfeigt oder ausgelacht? Nein: Tausende von Kindern, von sechs Jahren aufwärts, dazu Knechte, Mägde, Bettler, Pilger und auch junge Priester schlossen sich ihm an; über die Alpen quälten sie sich bis nach Genua, wo nur noch ein Drittel ankam, dort heulten sie vor Verzweiflung, weil das Mittelmeer sich nicht vor ihnen teilte; sie wurden ausgeraubt, verjagt, zu Knechten und Mägden genommen.

Noch Schlimmeres widerfuhr der Karawane, die gleichzeitig der Knabe Stephan aus St. Denis bei Paris, dem Geburtsort der Gotik, in Marsch zu setzen verstand: Die Kinder zogen nach Marseille, wurden von zwei Kaufleuten auf Schiffe verladen und in Algerien und Ägypten als Sklaven verkauft. In Köln wurde später der Vater des Nikolaus gehängt, weil er seinen Sohn aus Ruhmsucht ermuntert habe zu der »Wahnsinnstat«, wie nun plötzlich alle wußten.

Und die Kirche? Anfänglich sprach sie von Fürwitz, doch sie unternahm nichts dagegen, und während die Kinder

Rainald von Dassel, Erzbischof von Köln, Kanzler Barbarossas, brachte 1164 die Gebeine der Heiligen Drei Könige nach Köln.

zum Mittelmeer zogen, verkündete Innozenz III.: »Diese Knaben beschämen Uns. Denn während sie eilen, das Heilige Land zurückzugewinnen, liegen Wir im Schlafe.« 1228 brach Kaiser Friedrich II. zum 5. Kreuzzug auf.

Welche Raserei des Glaubens! Sie ist einer der Gründe, warum die Kölner ihren Dom errichteten; sehr weltliche Motive aber kamen hinzu. Die Kreuzzüge wiederum waren nicht nur ein Ausdruck des Glaubenseifers, sondern ihrerseits ein Anstoß zum Bau der gotischen Kathedralen.

Denn die Kreuzritter, soweit sie überlebten, kehrten verwandelt zurück. Auf dem ärmlichen Kontinent, der Europa nördlich der Alpen seit dem Zusammenbruch des Römischen Reichs geblieben war, erzählten sie von bunten Moscheen mit Kuppeln und Türmen, von Palästen und Karawansereien mit Spitzbogenfenstern und persischen Teppichen, von Gold, Lapislazuli und glitzerndem Geschmeide. Wie viel näher als alles, was man in Europa kannte, war dies der biblischen Darstellung vom Himmlischen Jerusalem! Und eben diesem nachzueifern war ja das Ziel der gotischen Dome. Hätten die Kreuzritter nicht den Mut zur Größe, zur Üppigkeit, zum Rausch der Farben und der Formen mitgebracht – die Kathedralen wären so, wie wir sie kennen, nicht entstanden.

Doch warum in Köln die mächtigste von allen? Dazu mußte man reich sein – und sich wichtig fühlen; »reich« im Sinne großer Wirtschaftskraft, unabhängig vom elenden Leben der Armen.

Köln war ja bald die größte unter den Städten geworden, die um die Jahrtausendwende endlich aufzublühen begannen in Deutschland, der Wald-, Sumpf- und Bauernregion, die dünner besiedelt war als heute Norwegen. Köln überholte Regensburg und Wien, begünstigt durch seine Lage als Endpunkt der alten Römerstraße von Rom über Mailand und Trier, an der neuen Handelsstraße von Venedig über Augsburg nach Gent und Brügge und seit dem 12. Jahrhundert als Umschlagplatz für die Waren der Hanse, die aus Osteuropa kamen.

Konrad von Hochstaden, Erzbischof von Köln, legte 1248 den Grundstein zu einer Kathedrale, die die größte auf Erden werden sollte.

Und natürlich begünstigt durch die Lage am Rhein – wobei man sich von der damaligen Flußschiffahrt keine übertriebene Vorstellung machen sollte. Das Binger Loch, wo der Rhein sich zwischen Hunsrück und Taunus durchzwängt, ließ im Mittelalter nur eine Fahrrinne von etwa vierzig Metern für ziemlich kleine Schiffe, obwohl schon die Römer und später Karl der Große an den Felsen hatten herumhacken lassen. Erst von da an stromabwärts war der Rhein mit Lastkähnen bis zu etwa 50 Tonnen Ladung befahrbar (während heute die Obergrenze bei 1800 Tonnen liegt).

Stromabwärts setzten die Kähne Segel – stromaufwärts wurden sie geschleppt, von einem Leinpfad (Treidelpfad) am Ufer aus; an der Wolga von Menschen, am Rhein von Ochsen, später von Pferden. So war es ein Glück für Köln, daß das Siebengebirge, der große Steinbruch für die Stadtmauer und den Dom, stromaufwärts liegt, die Last also unter Segel an den Bauplatz geschafft werden konnte.

Schiffe schleppen mit Muskelkraft, man kannte es nicht anders – bis 1816 James Watt persönlich, 80 Jahre alt, mit einem Dampfschiff in Köln anlegte. Die ersten Dampfschlepper verkehrten 1825 auf dem Rhein, doch erst 1867 verschwand der letzte Segelkahn.

Bei all der Plage: 50 Tonnen, das war das Fünfzigfache dessen, was ein Pferdewagen maximal transportieren konnte; die Lage an einem schiffbaren Fluß blieb also ein unschätzbarer Vorteil bis zur Ausbreitung der Eisenbahn. Was in Köln verladen wurde, erreichte stromauf Mainz, Straßburg und Basel, stromab Duisburg und Dordrecht, den großen Rheinmündungshafen (Rotterdam war noch nicht gegründet), und die Straße nach Regensburg wurde vor allem zu dem Zweck befahren, den Anschluß an die Donau herzustellen, nach Wien und weiter bis nach Konstantinopel.

So konnte Köln ein Handelsplatz ersten Ranges werden – ein Ort des Warenumschlags, der Produktion und der Veredelung. Schon 1157 verlieh der englische König

Heinrich II. den kölnischen Kaufleuten in London Handelsprivilegien und befahl, »daß ihr die Kölner Bürger beschirmt und beschützt wie meine eigenen Untertanen und ebenso alle ihre Waren und Güter«.

Umgeschlagen wurden in Köln vorwiegend Wein aus dem Rheinland und dem Elsaß sowie Getreide, das von den großen Gütern des gerade christianisierten Herzogtums Pommern per Schiff zur Rheinmündung kam und dann per Schleppkahn stromaufwärts; es war billiger als das, was die kleinen Bauern des Umlands ernteten. Produziert wurden Waffen, Geschirr, Goldschmiedewaren und vor allem Tuch, auch Fertigwaren wie Hosen und Hüte; »reich wie ein kölnischer Tuchmacher« war eine Redensart.

Veredelt wurden russische Felle zu Lederwaren und kostbaren Pelzen, die noch in London und Wien ihre Abnehmer fanden. Heringe aus der Ostsee wurden in Köln sortiert, mit Salz aus Lüneburg konserviert und in Fässern exportiert, die das Kölner Gütesiegel trugen: die drei Kronen, die noch heute das Stadtwappen schmücken, das Symbol der Heiligen Drei Könige.

Denn deren Gebeine ruhten nach der Überzeugung der Gläubigen im Alten Dom. Rainald von Dassel, Erzbischof von Köln, ein Mann, der »sein vergängliches Fleisch mit griechischer Seide und russischen Pelzen schmückte«, wie ein zeitgenössischer Abt kritisierte – dieser Rainald von Dassel, Kanzler und Feldherr Friedrich Barbarossas, half 1162 seinem Kaiser, Mailand zu zerstören, und erhielt zum Lohn von ihm die kostbaren Reliquien, die einem Mailänder Priesterkollegium gehörten. Unter dem Läuten der Glocken führte Rainald sie 1164 im Triumph nach Köln. 1167 zog der Erzbischof siegreich in Rom ein, und dann starb er im Heerlager an einer Seuche.

Kaum ein Jahr seines achtjährigen Pontifikats hatte Rainald in Köln verbracht – aber die sterblichen Reste der Drei Weisen aus dem Morgenland hatte er dagelassen, der ersten bekehrten Heiden, der Urbilder christlichen Königtums! Ihr Besitz machte Köln zu einem der größten Wallfahrtsorte des Mittelalters, selbst aus Ungarn und Italien kamen die Pilger. Und noch mehr: Wer diese Reliquien besaß, konnte das Königtum von Gottes Gnaden vergeben, denn Jesus selbst hatte die Drei Könige von Angesicht gesehen. Dem Erzbischof von Köln, einem der sieben deutschen Kurfürsten, die den König wählten, verlieh das noch mehr Macht, zumal da in seiner Kirchenprovinz auch der Dom zu Aachen lag, wo der König gekrönt wurde.

Da fügte sich nun alles mit allem zusammen, damit der Dom entstehen konnte: Der Reichtum der Stadt hatte den Einfluß ihres Erzbischofs gestärkt. Die weltliche Macht der Erzbischöfe und ihre rücksichtslose Machtpolitik verstärkten den Reichtum Kölns. Der Erwerb der Reliquien durch den Erzbischof mehrte seinen Ruhm und zugleich den Ruhm der Stadt und führte ihr Zehntausende von Pilgern zu, die wiederum Kölns Reichtum mehrten. Die Gebeine der Heiligen Drei Könige wurden in den größten und kostbarsten Reliquienschrein der Christenheit gebettet, von den berühmtesten Goldschmieden der Zeit ein halbes Jahrhundert lang in Gold und feuervergoldetem Silber und Kupfer ausgeführt, mit den Figuren der Kreuzigung, der Maria mit dem Kind, der drei Könige, der vierzehn Propheten und der zwölf Apostel darauf.

Ein solcher Schrein mit diesen Reliquien, vor denen Zehntausende von Pilgern ihre Gaben niederlegten, vor dem sie und die Kölner beteten und weinten, den sie mit Betzetteln, Medaillons und ihren Rosenkränzen berührten, um die Kraft der Heiligen mit heimzunehmen – dieser Schrein brauchte eine würdigere Stätte als den gedrungenen Alten Dom aus dem 9. Jahrhundert.

Ja, für diesen Schrein war die größte Kathedrale der Welt gerade gut genug. Und ebenso für Deutschlands reichste und mit 25 000 Einwohnern auch größte Stadt, die als Mutter der deutschen Kirchen galt, das »Rom des Nordens«, größer schließlich als die französischen Tuchmacherstädte Chartres, Rouen, Amiens, Beauvais, die mit ihren neuen Kathedralen prunkten. Und auch für den Erzbischof war

Graf Albert von Bollstädt war zugegen bei der Grundsteinlegung: der berühmteste Naturwissenschaftler des Mittelalters.

der größte Dom der Christenheit gerade gut genug. Jetzt trug Konrad von Hochstaden den Bischofsstab, »ein stolzer, gewaltiger Herr«, wie Leonard Ennen in seiner fünfbändigen »Geschichte der Stadt Köln« 1865 schrieb, dazu einer jener Erzbischöfe, deren Berufung vorwiegend von reichen Erbgütern und hervorragenden politischen Talenten abhängig gemacht worden sei; »tiefe Kenntnisse in Theologie und Kirchenrecht, fromme Gesinnung und reiner Lebenswandel konnten nur als willkommene Zugaben angesehen werden«.

1239 überfielen der Graf von Berg und der Herzog von Brabant das Erzbistum, und Konrad von Hochstaden zog an der Spitze eines Heeres aus Vasallen und Kölner Bürgern ins Feindesland »und rächte die Kriegsgreuel mit Feuer und Schwert«. 1245 reiste Konrad zusammen mit dem Erzbischof von Mainz zu Papst Innozenz IV. nach Lyon und beschwor ihn, den deutschen Kaiser Friedrich II. für abgesetzt zu erklären.

Als das geschehen war, betrieb Konrad 1246 die Wahl des Landgrafen Heinrich Raspe zum Gegenkönig und übernahm in dessen Hoflager die Leitung der Reichsgeschäfte. Als Heinrich ein Jahr später starb, wirkte Konrad auf die Wahl des nächsten Gegenkönigs hin, Wilhelm von Holland. In Köln ließ er ihm ein dreitägiges Fest bereiten, wofür der Papst den Bürgern »dieser ruhmreichen und einzigen Stadt« seinen förmlichen Dank aussprach; dann zogen Konrad und sein Kandidat mit einem Heerhaufen nach Aachen und belagerten die Stadt, weil nur in ihr ein deutscher König gekrönt werden durfte. Nach mehr als fünf Monaten ergaben sich die Aachener, und am 1. November 1248 krönte Konrad seinen Gegenkönig. Am 23. Dezember ließ der Erzbischof sich die Reichsstadt Dortmund übereignen, als Pfand für ein Darlehen von 1200 Mark, das er ihr gewährt hatte.

Zwischendurch, am 15. August 1248, dem Feiertag Mariae Himmelfahrt, legte Konrad den Grundstein zum Kölner Dom – in Anwesenheit der Könige von Deutschland und Böhmen, des päpstlichen Legaten, der Erzbischöfe von Mainz und Trier, der Bischöfe von Minden, Münster, Utrecht und Lüttich und eines Dutzends von Herzögen und Grafen.

Da begannen sie nun in Köln, Schächte in den Kies zu treiben, zunächst neun Meter tief unter dem Kranz der sieben Chorkapellen. Graf Albert von Bollstädt, später Albert der Große genannt (Albertus Magnus) und 1931 heiliggesprochen, bewunderte den Aufwand, der für die Fundamente getrieben wurde, und auf dem Grund der Baugrube entdeckte er die Mosaikfußböden der römischen Häuser, die hier einst gestanden hatten.

Albert war gerade von der Universität Paris nach Köln berufen worden, um hier für den Nachwuchs des Dominikanerordens ein Studium generale einzurichten. Vier Jahre lehrte er in Köln, festigte seinen Ruf als größter Naturwissenschaftler des Mittelalters und zählte zu seinen Schülern den 23jährigen Thomas von Aquin, der später der berühmteste Theologe und Philosoph des Mittelalters wurde. Eine Weltsekunde lang schlug in Köln das Herz des Abendlands.

Es schlug zwischen Patrizierhäusern und zugigen Holzhütten, zwischen Hühnergegacker, Schweinegegrunze, Marktgeschrei und Pferdegetrappel in schmutzigen Gassen; es schlug zwischen Pilgern aus halb Europa, die in Herbergen und Spitälern, in den Kreuzgängen der Kirchen, in Ställen oder in den Gemüsegärten hinter den Fachwerkhäuschen nächtigten. Und es schlug an dem Platz, an dem der Dom in den Himmel zu wachsen begann.

1322: Aus der Zwietracht wächst der Chor

Wenn die Windenknechte in ihrem hölzernen Tretrad zu laufen begannen, dann wickelte sich um seine Achse ein Seil. Das lief 44 Meter in die Höhe, lief dort über eine Umlenkrolle oder den Schwenkarm eines hölzernen Krans und begann 44 Meter tiefer die steinerne Trommel emporzuziehen, die neben dem Tretrad gelegen hatte, bis zu einer Tonne schwer. Oben standen Maurer und Steinmetzen auf dem Holzgerüst, äugten zu den Zwergen in die Tiefe hinab, schrien ihnen zu, wann sie innehalten sollten, und senkten die Trommel – so hießen die steinernen Scheiben, aus denen sich die Pfeiler türmten – bis dicht über die Scheibe darunter ab. Dann trugen die Maurer frischen Mörtel auf, paßten die neue Trommel ein und dichteten die Fugen mit Lehm.

Die Trommeln kamen aus dem Steinbruch im Drachenfels, vierzig Kilometer rheinaufwärts von Köln. Da gab es ein Gelärme und Gewimmel! Mit Feuer und mit Wasser gingen die Steinbrecher ans Werk: Feuer erzeugt Dehnungen und Spannungen, mit denen sich große Brocken ablösen ließen. Blöcke von praktischer Größe dagegen entstanden so: Eine Reihe tiefer Löcher wurde in den Stein gemeißelt, Keile aus dürrem Holz hineingetrieben und so lange mit Wasser begossen, bis sie aufquollen und den Block absprengten. Schon im Steinbruch begann dann die Bearbeitung: Die Blöcke wurden »bossiert«, das heißt nach den vorliegenden Listen der erwünschten Quadergröße roh behauen, damit das Transportvolumen nicht noch durch überflüssiges Gestein vergrößert wurde.

Da die Meißel täglich geschärft und gehärtet werden mußten, war im Steinbruch auch eine Schmiede eingerich-

Köln 1499: Bauleute am Werk – Steinmetzen, Zimmerleute, links der Baumeister mit dem Zirkelmaß.

tet. Zimmerleute hielten die Rutschen zum Rhein hinab sowie die Winden und Ladebäume instand, mit denen die Quader auf die Segelkähne verladen wurden. Der Glaube kann nicht nur Berge versetzen – zuweilen muß er es auch.

Dann von den Kähnen auf Wagen und Karren mit Ochsen zur Bauhütte hinauf. Dort schlugen etwa 25 Steinmetzen die Rohblöcke zu ebenmäßigen Quadern zurecht, ritzten nach der vom Dombaumeister gelieferten Schablone die gewünschten Umrisse ein und meißelten das Werkstück in die vorgegebene Form. Schließlich kennzeichneten sie es mit dem vereinbarten Symbol für den Pfeiler, für den es gedacht war, mit einer Art römischer Ziffer, die die Höhenschicht im Pfeiler markierte, und mit dem persönlichen Zeichen, das jedem Steinmetz nach der Gesellenprüfung zugewiesen worden war, zur Qualitätskontrolle und für die Lohnabrechnung.

Hatten die Pfeiler ihre volle Höhe erreicht, so schlug die große Stunde der Zimmerleute: Sie, die die Gerüste hinaufgetrieben sowie die hölzernen Schalungen für die Gewölbe und die Dachstühle über den niedrigeren Seitenschiffen gebaut hatten, dazu die Winden, Kräne und Treträder – sie mußten nun auf den beiden Pfeilerreihen den Dachstuhl über dem Mittelschiff errichten, 14 Meter breit, die Unterkante 44 Meter über dem Baugrund, der First noch 17 Meter darüber. Der gewaltige Balkenwald wurde abschnittweise auf dem Boden zusammengefügt, dann auseinandergenommen und in Einzelstücke in die schwindelnde Höhe gewunden.

Auf dem Hochgerüst dreizehn Stockwerke hoch über dem Baugrund verbrachten sie ihr halbes Arbeitsleben, die Maurer, Zimmerleute und Dachdecker. Über die steinernen Wendeltreppen im Chor und die Leitern der Gerüste stiegen sie bald nach Sonnenaufgang auf zwei- bis dreihundert Stufen und Sprossen in die Höhe. Sie trugen ein wallendes Hemd und weite Hosen aus ungebleichtem Leinen, endlos gestopft und geflickt, über den Hosenbeinen Strümpfe, mit Bändern umwickelt und in Schuhe aus einem

Seilwinden und hölzerne Kräne halfen beim Bau von Türmen (aus der Weltchronik des Rudolf von Ems, um 1350).

Stück Leder gesteckt, mit entsprechend dünner Sohle wie bei den indianischen Mokkassins. Im Winter trugen sie dazu ein knielanges wollenes Überhemd nach Art der römischen Tunika.

Wenn die Bauleute auf einem Balken Frühstückspause machten, baumelten ihre Beine über der Tiefe, und mancher Scherz wird da hin- und hergeflogen sein zwischen Himmel und Erde. Zum Mittagessen stiegen sie vermutlich ab, danach wieder auf – ein Beruf in der Senkrechten. Im Juni, bei 16 Stunden Tageslicht, konnte der Arbeitstag 14 Stunden dauern; im Dezember war er halb so lang.

Dabei wurde die Zeit des Tageslichts meist in zwölf Stunden eingeteilt, so daß die Stunde im Winter halb so lang wie im Sommer war. Doch genau maß das keiner – nur die Klöster brauchten eine exakte Einteilung wegen des Rhythmus' der Gebete; sie maßen nach dem Stand der Sterne, mit Sonnen-, Sand- und Wasseruhren (in Köln gab es seit 1183 eine Gilde der Wasseruhrmacher) und zur Feineinteilung mit der Zeit, die es dauert, einen Psalm zu singen.

So zählte selbstverständlich niemand, wie viele Arbeitsstunden die Woche hatte. Der kleine Mann kannte auch keinen Kalender und wußte im allgemeinen nicht, in welchem Jahr oder gar an welchem Tag er geboren war, und niemand sprach vom »13. Jahrhundert«: Das setzt ja historisches Bewußtsein und ein Interesse am Ablauf der Zeit voraus, die dem Mittelalter fremd waren.

Urlaub gab es natürlich nicht, nur für einen Teil der Arbeiter eine Winterpause. Wir können rekonstruieren, daß die Dombauleute im Durchschnitt höchstens auf eine Fünftagewoche kamen, und zwar dadurch, daß es außer den 52 Sonntagen an die 50 kirchliche Feiertage gab: die Weihnachtswoche, die Karwoche, vier Marienfeiertage, die Festtage der Apostel, der Evangelisten und der Heiligen; und dazu arbeitsfrei zu Schützenfesten und Turnieren, Jahrmärkten und Hochzeiten.

Waren die Dachbalken mit Pech bestrichen, so begann die schwere Arbeit des Dachdeckens. In der Tiefe wurden

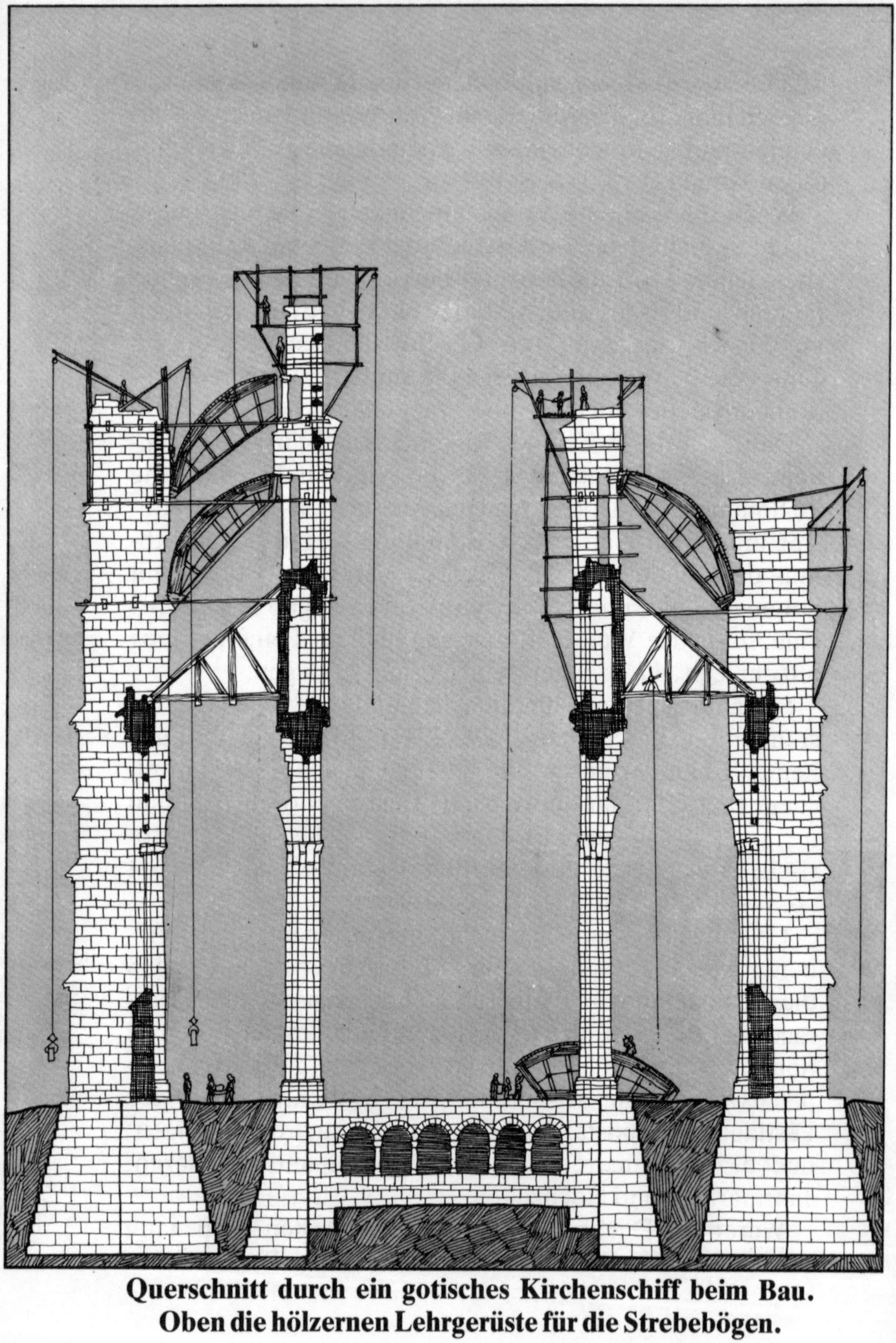

Querschnitt durch ein gotisches Kirchenschiff beim Bau. Oben die hölzernen Lehrgerüste für die Strebebögen.

Bleiplatten gegossen, anderthalb Meter lang und 28 Kilo schwer; von den Windenknechten wurden sie bis zu 60 Meter hoch hinaufgezogen, von den Dachdeckern eingepaßt und festgenagelt. Nun blieben Arbeitsplätze und Mauerwerk gegen Regen und Schnee geschützt, und der Innenausbau konnte auch im Winter weitergehen. Die Dachbalken nahmen außerdem die Winden auf, mit denen Steine und Mörtel für das Gewölbe in die Höhe fuhren, das nun unter dem Dachstuhl gemauert wurde.

Es war nicht das herkömmliche schwere Gewölbe aus massivem Stein, sondern eine Erfindung der gotischen Meister: Über einer hölzernen Schalung mauerten sie aus vielen Steinen die allein tragenden Kreuzrippen; sie lagen auf den Rundstäben der aus der Tiefe emporschießenden Bündelpfeiler auf. Die Kappen über den Kreuzrippen konnten folglich so dünn gemauert werden, daß sie nur noch sich selbst zu tragen brauchten – eine Ersparnis an Stein und Gewicht und damit eine Verminderung von Last und Seitenschub.

Der Seitenschub ist die Kraft, mit der jedes Gewölbe nicht nur nach unten, sondern zugleich nach außen drückt. In der Gotik wurde er zum Kardinalproblem, weil noch nie so hohe Gewölbe errichtet worden waren, während man gleichzeitig auf tragende Wände verzichtete. Last und Schub den Mauern aufzubürden, wie dies bei den vorgotischen Kirchen üblich war, hätte bei einer Innenhöhe von 43 Metern drei kaum erträgliche Nachteile gehabt: Der ohnehin gewaltige Bedarf an Stein hätte sich verdoppelt; die Mauern hätten nur von kleinen Fenstern durchbrochen werden dürfen; und folglich wäre statt des lichtdurchfluteten, sich zum Himmel öffnenden Saals eine gähnende Grotte entstanden.

Anstelle der tragenden Wand also nur Pfeiler, mit möglichst viel Glas und möglichst wenig Mauerwerk dazwischen. Doch eine einzelne Pfeilerreihe wäre den drei Kräften, die auf sie wirkten, nicht gewachsen gewesen: außer der Last des Gewölbes und seinem Seitenschub auch noch

Die Seitenwände stehen – nun werden mit Seilwinden die Balken für den Dachstuhl in die Höhe gezogen.

dem Druck des Windes auf die riesigen Wand- und Fensterflächen.

Die Art, wie dieses Problem gelöst wurde, ist das auffallendste und raffinierteste Element der gotischen Statik. Neben den beiden Reihen von Pfeilern, die im Mittelschiff sichtbar sind, wurden bei einer fünfschiffigen Basilika wie dem Kölner Dom auf jeder Seite zwei äußere Pfeilerreihen aufgeführt. Sie überragen die niedrigeren Seitenschiffe und wurden über deren Dächer hinweg durch *Strebebogen* mit den Innenpfeilern verbunden.

In Köln und den meisten gotischen Kirchen liegen zwei Strebebogen übereinander, der untere als Stütze gegen den Gewölbeschub, der obere gegen den Winddruck; bei manchen Kathedralen sind es drei (so in Chartres und in Bourges). Zuweilen wirken sie erschreckend dünn wie in Beauvais; dann überlang wie die 15 Meter überspannenden Bogen an der Kathedrale Nôtre Dame in Paris, wo um 1180, noch vor dem gotischen Neubau von Chartres, der Strebebogen geboren wurde.

Noch mehr der Raffinesse: Unten ist der Strebebogen immer gewölbt, weil nur die Krümmung ihn davor schützt, in der Mitte einzuknicken unter seiner eigenen Last; oben dagegen ist er stets zu einer schrägen Geraden aufgemauert, weil ein bloßer Bogen vom Winddruck und vom Seitenschub nach oben gedrängt und zerbrochen werden würde. Wo Lang- und Querhaus sich durchdringen, laufen bis zu acht Strebebögen auf einen Pfeiler zu.

Was viele Laien für Zierat halten und manche für einen häßlichen dazu, ist in Wahrheit also ein tragendes Skelett von höchster Zweckmäßigkeit, die Einsparung von Zehntausenden von Tonnen Stein und der Preis für das Licht und die Leichtigkeit, mit denen das Kircheninnere uns fasziniert. Wir wissen nicht, wie der französische Baumeister hieß, bei dem dieser Genieblitz zündete; wir wissen nur, daß die Statik als mathematisch fundierte Wissenschaft erst im 17. Jahrhundert entstand, daß die Erbauer der gewaltigsten und kompliziertesten Steingebäude der Geschich-

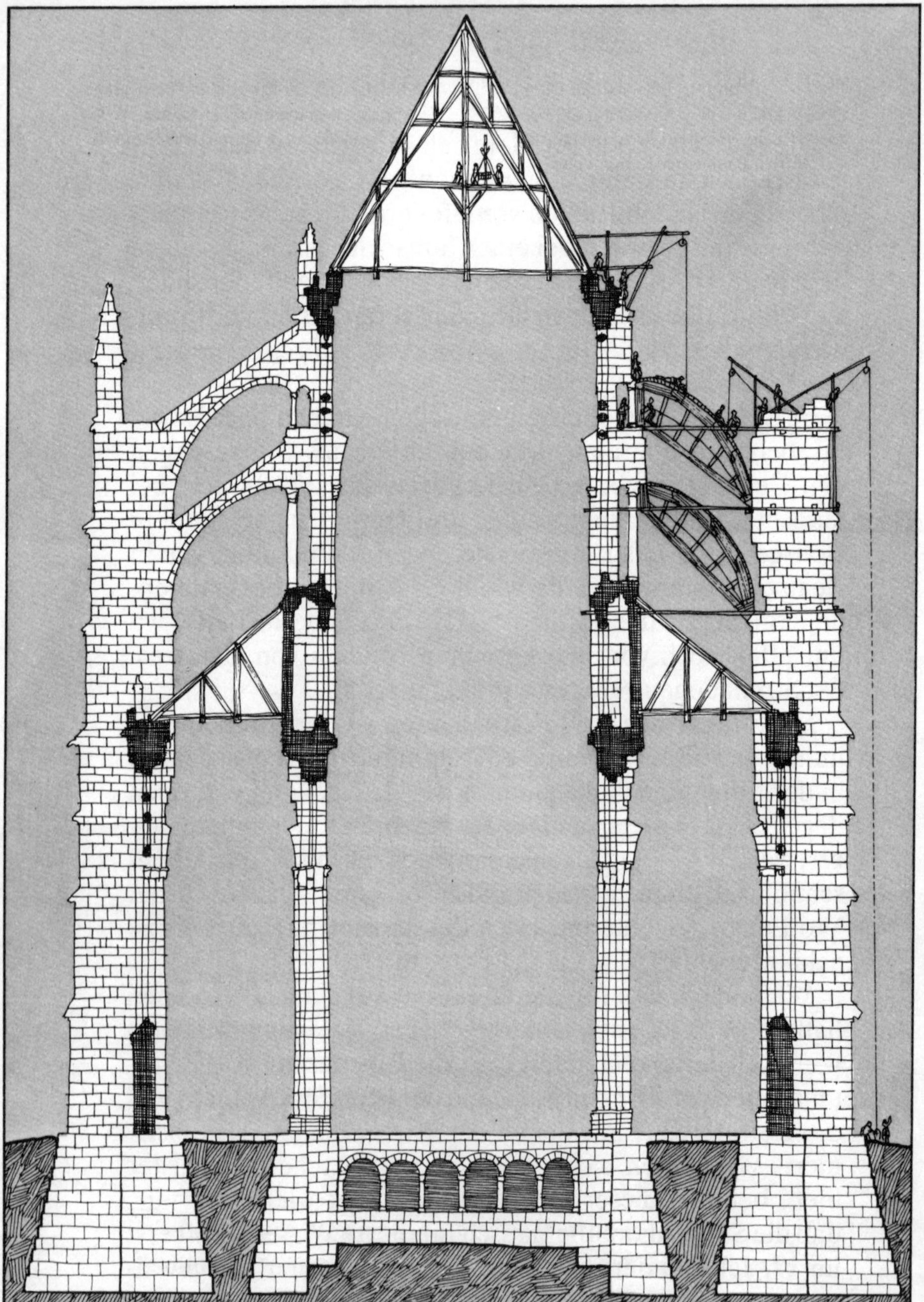

Die drei Schiffe sind gemauert, der Dachstuhl wird aufgesetzt. Nun können die Bauleute auch im Winter arbeiten.

te sich also nur auf Erfahrung und Intuition verlassen konnten.

Irrtümer unterliefen ihnen dabei genug. Zu Anfang des 13. Jahrhunderts kam die Südfassade der Kathedrale von Bourges ins Rutschen, die Chöre der Kathedralen von Meaux und von St. Denis mußten wegen Einsturzgefahr erneuert werden, der Vierungsturm von Lincoln und die Chortürme von Auxerre fielen um. 1267 krachte der Südturm der Kathedrale von Sens zusammen, 1284 der Chor von Beauvais, der höchste von allen, 1382 der Turm der Marienkirche in Stralsund, 1506 der Nordturm von Bourges, 1547 der Mittelturm von Lincoln, 1573 der Vierungsturm von Beauvais. Der Chor von Köln dagegen wankt seit 700 Jahren nicht. Sein Erbauer, Meister Gerhard, kannte offensichtlich die Kathedrale von Amiens; ob er auch in der Bauhütte von Amiens tätig war, ist umstritten.

Was für Männer, diese Dombaumeister! Architekten ohne Studium, Statiker ohne Mathematik, Bauzeichner auf Pergament, das je nach der Luftfeuchtigkeit seine Form änderte; ohne einheitliche Maße, so daß jeder Meister sein Grundmaß oder »Modul« selbst festlegte, zum Beispiel die Kantenlänge eines bestimmten Quaders. Dem Domkapitel haftete er für die sparsame Verwendung der Gelder; den Nachschub an Stein, Holz, Glas, Blei und Eisen organisierte er; die Künstler suchte er aus und gab ihnen die Stilrichtung vor; gegenüber allen Bauleuten hatte er richterähnliche Befugnisse zur Wahrung der Arbeitsdisziplin – kurz: Nie hat es einen schwierigeren und großartigeren Beruf gegeben als den dieses Visionärs, Erfinders, Baumanagers und Rationalisierungsfachmanns, der der Stadt das Zeichen ihrer Größe und den Gläubigen ihr Himmlisches Jerusalem auf die Erde stellte. Gott selbst wurde ja zuweilen als Baumeister mit dem Zirkel abgebildet.

Eilig hatte es der Dombaumeister nicht. Nur auf bestes Handwerk und höchste Kunst kam es an. Der Dom wurde zur Ehre Gottes und für die Ewigkeit errichtet. Für seine Vollendung einen Termin zu setzen wäre nicht nur unmög-

Mit einer Seilwinde wird ein Lehrgerüst hochgezogen, über dem ein Kreuzrippengewölbe entsteht.

lich gewesen, sondern allen Zeitgenossen als überflüssig und unsinnig erschienen; man selbst würde diesen Tag ohnehin nicht erleben.

Deutlich war dabei, daß es mit dem Dom zu Köln nicht so zügig voranging wie hundert Jahre zuvor mit der Kathedrale von Chartres. Vielleicht lag das daran, daß der Bau in seinen ersten vierzig Jahren begleitet wurde von Zwietracht, Aufruhr und Bürgerkrieg – mit einer Heftigkeit, die es für uns erstaunlich macht, daß in derselben Zeit dennoch der ungeheure, der herrliche Chor in den Himmel wachsen konnte. Auch im klassischen Athen, im antiken Rom, in der italienischen Renaissance haben ja Bruderkrieg, Verrat und Meuchelmord eine überschäumende Baulust eher begünstigt als behindert. Es war eben nicht selten auf Erden, daß das Erhabene aus dem Schmutz der Gassen und der Niedertracht der Seelen wuchs.

In Köln kämpfte der Erzbischof gegen seine Stadt, weil sie ihm zu mächtig wurde; die städtischen Zünfte kämpften gegen die Übermacht der vierzig Patrizierfamilien, die die Stadt regierten, und verbündeten sich dabei zeitweise mit dem Erzbischof, dem sie zuvor und danach – bei der gemeinsamen Verteidigung der Stadt gegen seinen Übermut – blutige Schlachten lieferten.

Der mörderische Wahnsinn, der da umging, wird nur aus dem Geist der Zeit verständlich: Bis Kaiser Maximilian I. im Jahre 1495 auf dem Reichstag zu Worms den *ewigen Landfrieden* verkündete, war das Recht zum Privatkrieg, zur Fehde, zum Raubrittertum unbestritten; eingeschränkt nur durch kirchliche Gebote wie den *Gottesfrieden*, den die Kirche seit dem 11. Jahrhundert wenigstens für die Wochenenden durchzusetzen versuchte.

Daß gerade die Bischöfe mit ihren Residenzstädten zusammenprallten, war in der Reichsverfassung sozusagen angelegt: Dem König schuldete der Bischof Abgaben, Kriegsdienst und Beherbergung; dafür verlieh der König ihm das Münz-, Zoll- und Marktrecht sowie die Gerichtsbarkeit für seine Stadt. In dem Maße nun, wie die Städte

Vorschlaghammer
Hammer
Meißel
Schablone
Hebel, Stemm- oder Brecheisen
Zollstock
Zugsäge
Winkelmaß
Zirkel

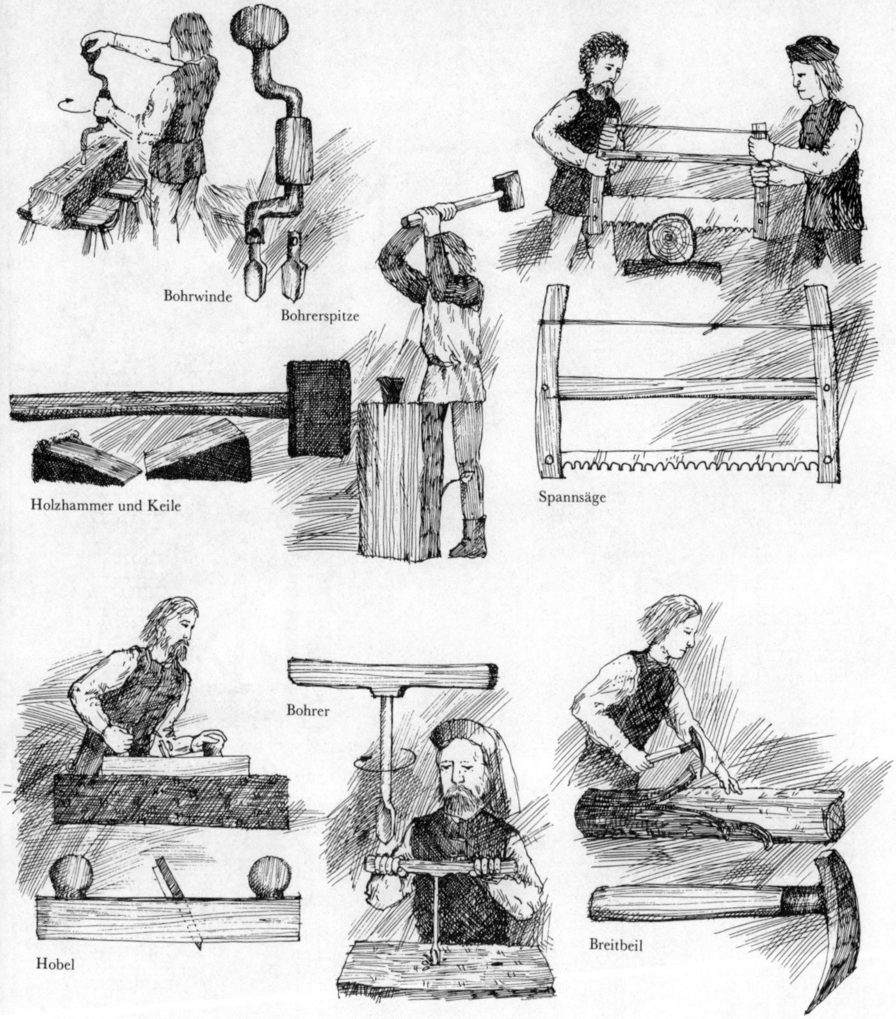

Zimmerleute und Steinmetzen mit ihren Werkzeugen.
Für die Materialbearbeitung waren sie angemessen;
primitiv dagegen blieben die Geräte, mit denen der Baumeister
über Grundriß und Dimensionen entschied: nichts als Lot, Winkeleisen,
Latte und Schnur. So ist es fast ein Wunder,
daß Meister Johannes die Gerade nur um 38 cm verfehlte,
als er 70 Meter westlich des Chors mit den Türmen begann.

Querschnitt durch eine dreischiffige gotische Basilika im Endstadium. In halber Höhe die Dächer über den Seitenschiffen.

seit dem 11. Jahrhundert aufblühten, regte sich Bürgerstolz gegen den Bischof und seinen Burggrafen oder Stadtvogt, der die Geschäfte führte. Teils gaben die Bischöfe daraufhin einige ihrer Privilegien ab, um das Gedeihen der Stadt, der Quelle ihres Wohlstands, nicht zu gefährden; teils ertrotzten oder erkämpften sich die Bürger ihren Einfluß, meist im Bündnis mit dem Kaiser, und oft schlug der Bischof, im Bündnis mit dem Papst, zurück.

Der machtgierige und allseits verhaßte Erzbischof Anno II. beschlagnahmte im Jahre 1074 das Schiff eines Kölner Kaufmanns, die empörten Patrizier stürmten die erzbischöfliche Residenz; Anno konnte fliehen, sammelte ein Heer, stürmte die Stadt und gab sie zur Plünderung frei. Den Anführer des Aufruhrs ließ er blenden, die anderen Rädelsführer auspeitschen und enteignen. 1180 begann die Stadt gegen den Willen des Erzbischofs Philipp von Heinsberg mit dem Bau ihrer gewaltigen Befestigungsmauer; den Zwist schlichtete Kaiser Friedrich Barbarossa: Köln mußte dem Erzbischof 2000 Silbermark zahlen und durfte seine Mauer weiterbauen.

Als 1238 Konrad von Hochstaden Erzbischof geworden war, beeilte er sich, den Kölnern ihre Rechte und Freiheiten zu bestätigen, und noch dazu überließ er der Stadt die Hälfte der Einnahmen aus dem Bierpfennig, die der Kaiser ihm allein zugestanden hatte. Doch das hochfahrende Benehmen der städtischen Patrizier wie auch des Erzbischofs sowie ein langjähriger Streit um das Münzrecht fachten den Schwelbrand wieder an. 1252 – vier Jahre nach der Grundsteinlegung zum Dom – verbündete sich Köln mit dem Grafen von Jülich, einem Erzfeind des Erzbischofs; der beschoß daraufhin seine Stadt mit Wurfmaschinen und ließ brennende Schiffe gegen die kölnische Rheinflotte treiben. Köln behauptete sich, Konrad kehrte zurück.

1257 jagten die Kölner seinen Neffen durch die Stadt. Konrad fühlte sich selbst bedroht, floh, ließ kölnische Kaufleute verhaften und blockierte die Rheinschiffahrt. Da zogen die Kölner ihm mit einem Heer entgegen, steck-

Ein Wald von Balken formt das Dach. Holzknechte und Zimmerleute waren nicht weniger wichtig als Steinmetzen.

ten das Dorf Frechen, bei dem er sie erwartete, in Brand und schlugen seine Ritter und Söldner blutig in die Flucht. Er selbst kämpfte an der Spitze seiner Reiterei, das Pferd rettete ihn.

Im Jahr danach fügten sich Konrad und die Stadt dem »Großen Schied«, um den sie ein geistliches Kollegium gebeten hatten, dem auch Albertus Magnus angehörte, der berühmte Naturforscher, der 1248 nach Köln berufen worden war. Danach blieb der Erzbischof juristisch Herr der Stadt, erkannte jedoch alle Organe der städtischen Selbstverwaltung an. Nach dieser Schlappe intrigierte er gegen die eigentlichen Inhaber der Macht, die vierzig regierenden Familien: Er verbündete sich mit den Handwerkerzünften gegen sie, entwand ihnen die städtischen Ämter und erklärte schließlich 25 Patrizier für vogelfrei. 1260 erstach ein Patrizier auf offener Straße einen Handwerker – Tumult, Brandstiftung, Plünderung, Tote.

Vermutlich im selben Jahr starb Meister Gerhard, der Mann, der den Dom ersonnen und seinen Bau zwölf Jahre lang geleitet hatte; möglicherweise durch einen Todessturz vom Hochgerüst. Und da die Leute die Kunst und die Macht eines Dombaumeisters nicht nur bewundernswert, sondern auch unheimlich fanden, entstand alsbald die Sage, er sei in die Tiefe *gesprungen*, weil er mit dem Teufel eine Wette abgeschlossen und sie verloren habe.

Ein Jahr später, 1261, starb Konrad von Hochstaden, »hart und unbeugsam bis an sein Lebensende«, wie Leonard Ennen in seiner »Geschichte der Stadt Köln« von 1865 schreibt. Die zeitgenössische Stadtchronik zog eine bösere Bilanz: »So hat die Herrsch- und Zanksucht wohl mehr als der Bau der Domkirche seine gehässige Seele beschäftigt.« Fertig war vom Dom nur der Kranz der sieben Chorkapellen, und in der mittleren, der Achskapelle, wurde Konrad bestattet.

Mit seinem Tod war der Machtkampf keineswegs beendet. Der neue Erzbischof, Engelbert von Falkenburg, erlegte der Stadt sogleich eine zusätzliche Vermögenssteuer

Im Dachstuhl. Über die Umlenkrolle läuft das Seil, an dem ein weiteres hölzernes Lehrgerüst emporgezogen wird.

auf – die Kölner stürmten zwei seiner Burgen. 1265 verlegte Engelbert seinen Wohnsitz nach Bonn und betrat Köln nie wieder. Bis 1794 blieb Bonn die bevorzugte Residenz der Erzbischöfe; mit der Spätfolge, daß ein halbes Jahrtausend erzbischöflicher Baulust es 1949 Konrad Adenauer erleichterte, Bonn als sein Hauptstädtchen durchzusetzen.

Doch der blutige Zwist ging immer noch weiter: 1268 droschen in den Gassen Kölns die Parteigänger des Erzbischofs, der Handwerker und zweier miteinander verfeindeter Patriziersippen mit Schwert und Spieß aufeinander ein – Hunderte von Toten. 1288 schließlich besiegten die Kölner, nun wieder vereint, den nächsten Erzbischof, Siegfried von Westerburg, in der Schlacht bei Worringen; mit dem Ergebnis, daß der Erzbischof die Stadt für alle Zeit als gleichberechtigten Partner akzeptieren mußte.

Und bei all dem wuchs der Chor des Doms weiter in den Himmel. Gegen 1300, 52 Jahre nach der Grundsteinlegung, war er im wesentlichen fertig, 1322 wurde er geweiht, mit einem der größten Hochaltäre und dem kostbarsten Reliqienschrein der Christenheit; von der Giebelspitze leuchtete der Stern von Bethlehem.

Dieser Chor wurde zum Staunen der Welt. Wegen seiner Maße: 41 Meter lang, 45 Meter breit und im Mittelschiff unglaublicherweise 43 Meter hoch, dreieinhalbmal die lichte Höhe des Brandenburger Tors und hoch genug, um der höchsten Spitze der Markuskirche von Venedig noch ein paar Zentimeter Spielraum zu lassen. Wegen seiner Harmonie: mehr als 17 Meter hoch die Obergadenfenster gegen nur 12 Meter in der sonst ähnlichen Kathedrale von Amiens – genau drei Siebentel der Wandhöhe also, wie unten die Arkaden, und im mittleren Siebentel das Triforium, die Galerie der kleinen Spitzbögen, die sich wie eine Borte ums Mittelschiff zieht. Francesco Petrarca schwärmte 1333 »von der herrlichen, obschon unvollendeten Domkirche, die man mit gutem Grund die allerhöchste nennt«.

Und dann der vertikale Rausch der schlanken Bündelpfeiler, die in der Höhe Stab um Stab in die Rippen des Gewölbes münden! Hier war, weit über alle französischen Vorbilder hinaus, erreicht, was Schopenhauer an der Gotik rühmte: daß sie »die gänzliche Überwältigung und Besiegung der Schwere« in starrem Stein darstelle.

Der erste, der diesen Sieg besang, war 1790 der Reiseschriftsteller und Kunsthistoriker Georg Forster: »Die Pracht des himmelan sich wölbenden Chors hat eine majestätische Einfalt, die alle Vorstellung übertrifft. In ungeheurer Länge stehen die Gruppen schlanker Säulen da, wie die Bäume eines uralten Forstes; nur am höchsten Gipfel sind sie in eine Krone von Ästen gespalten, die sich mit ihren Nachbarn in spitzen Bogen wölbt und dem Auge, das ihnen folgen will, fast unerreichbar ist.« Und Goethe münzte 1824 auf den Chor seinen Superlativ vom »tüchtigsten, großartigsten Werk« des Kunstverstands auf Erden.

Der Chor von Köln hatte die Summe der gotischen Dombaukunst gezogen. Doch was war selbst er im Vergleich zu den Türmen, an denen der dritte Dombaumeister, Johannes, gegen 1300 zu bauen begann! Die gewaltigsten der Erde sollten es werden.

Um wieviel übertrifft die Höhe des Mittelschiffs seine Breite?

Baubeginn		Breite	Höhe	Verhältnis
1160	Laon	11,20	24,30	1:2,2
1176	Straßburg	16,20	31,00	1:1,9
1194	Chartres	15,20	33,40	1:2,2
1211	Reims	13,30	37,20	1:2,8
1218	Amiens	13,00	41,30	1:3,2
1225	Beauvais	13,30	46,80	1:3,5
1248	Köln	13,70	43,35	1:3,2
Zum Vergleich	Parthenon in Athen	30,90	19,20	1:0,6
	Goldener Schnitt			1:0,6 oder 1:1,6 bis 1,7

1410: Die größte Bauruine des Abendlands

Ende 1991 soll die Figur des Evangelisten Lukas am nordwestlichen Vierungspfeiler des Doms wieder ihr steinernes Zierdach bekommen, den Baldachin, der 1945 von einem herabstürzenden Gewölbe zerschlagen worden war. Zehn Meter hoch über dem Boden wird das Zierdach in den Pfeiler eingefügt, mit der für uns Heutige seltsamen Folge, daß Gläubige und Touristen Mühe haben werden, dieses aufs feinste ziselierte Kunstwerk zu würdigen.

Das Zierdach, 2,75 Meter hoch, ist ein Dom im kleinen, mit Ziergiebeln und Blendmaßwerk versehen, mit Kriechblumen auf den Giebeln und den 19 Türmchen, die die untere Hälfte des Baldachins umstehen, und jedes Türmchen trägt eine Kreuzblume auf der Spitze, drei Zentimeter im Durchmesser. Zwei dieser Kreuzblumen formt der Steinmetz Willi Bauer an einem Arbeitstag. Er ist 35 Jahre alt und seit zwanzig Jahren in der Dombauhütte. Den weichen, elfenbeinfarbenen französischen Kalkstein bearbeitet er nicht mit Hammer und Meißel, sondern kratzend und schabend mit einem Gerät, wie der Zahnarzt es benutzt, um dem Patienten in den Zahnlücken herumzustochern.

Ein Jahr Arbeit liegt hinter ihm, in einem weiteren Jahr hofft Bauer fertig zu sein. Da er zwischendurch zu dringlicheren Aufträgen abgezogen wurde, wird das komplette Zierdach ein Arbeitsjahr gekostet haben, das bedeutet rund 70 000 Mark an Lohn, Material und Nebenkosten – für einen der mehr als zweihundert Baldachine im und am Dom.

Erhaben über alle Hektik des Jahrhunderts hält die Dombauhütte damit an einem Urprinzip der Gotik fest: Stein ist nur der grobe Stoff, den wir einem radikalen Ge-

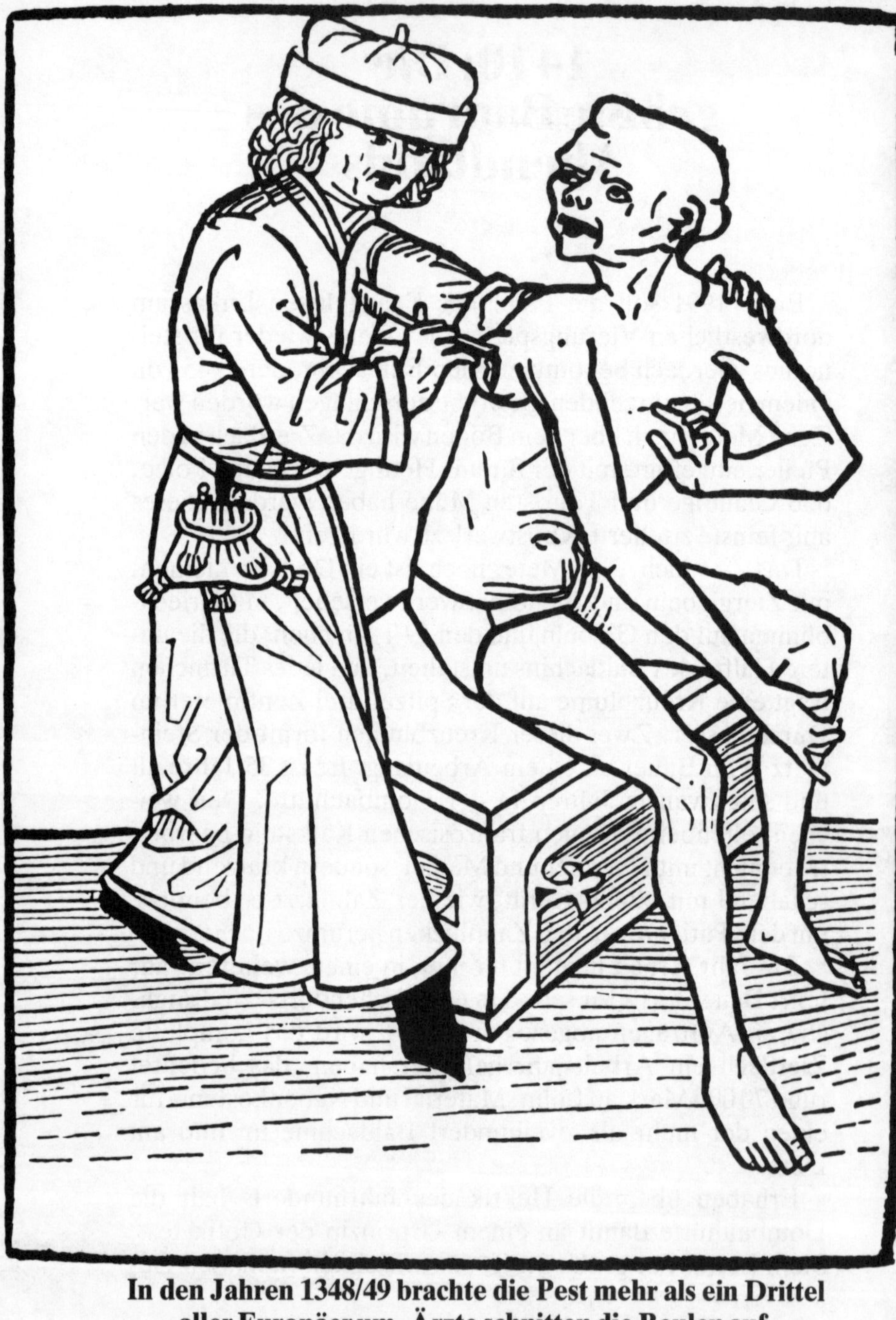

In den Jahren 1348/49 brachte die Pest mehr als ein Drittel aller Europäer um. Ärzte schnitten die Beulen auf.

staltungswillen unterwerfen, den wir optisch von aller Schwere befreien, entmaterialisieren und in Schmuck verwandeln; und dies geschieht überall, zehn Meter wie hundert Meter über dem Boden, ob viele Menschen es sehen oder wenige oder keiner. Mit Kreuzblumen krönen wir jeden Giebel, jedes Türmchen, jeden Turm: drei Zentimeter im Durchmesser und kaum 20 Gramm wiegend am Lukas-Baldachin, 4,58 Meter dick und mehr als 30 Tonnen schwer auf den beiden Riesentürmen.

Der Horror vor dem nackten Stein, das Kunststück, ihn tanzen und jubeln zu lassen – sie dienen in den gotischen Domen zugleich dem anderen Urprinzip: Von aller Schwere weg wollen wir streben, nach oben, dem Himmel entgegen; und die unglaubliche Höhe, die wir objektiv erreichen, wollen wir noch übersteigern zum einen durch die Auflösung aller Massen, zum anderen durch den Triumph der vertikalen Linien. Entlang an unserem Stabwerk und unseren Bündelpfeilern wollen wir das Auge in die Höhe *saugen*.

Diese Himmelfahrt in Stein hat der Dom zu Köln vollbracht wie kein Bauwerk sonst: innen sein Chor, außen seine Türme. Die Türme hatte Meister Gerhard ersonnen, der erste Dombaumeister; der dritte, Johannes, verfeinerte den Entwurf und begann ihn zu verwirklichen – in Dimensionen, wie sie die Welt noch nicht gesehen hatte. Fünfzehn Meter tief greifen die Fundamente durch den römischen Bauschutt hindurch in den Kiesboden. Jeder der beiden Türme hat zwei Außenpfeiler von neun Metern im Durchmesser und der Fläche einer Dreizimmerwohnung; jeder Turm bedeckt 861 Quadratmeter, das ist mehr als ein kompletter Tennisplatz einschließlich Auslauf und Seitenstreifen.

Ja, es gab ein bautechnisches Motiv für diesen Gigantismus, diesen Drang in Höhen, an die zu denken wahrscheinlich nie zuvor einem Menschen eingefallen war. Aber gewiß spielten einige jener irrationalen Antriebe mit, die bei den Wolkenkratzern von New York mitschwingen, wie sie dies auch schon beim Turm zu Babel taten. Der hatte es auf 90 Meter gebracht, auf 105 Meter die Kathedrale von Chartres (1160), auf 111 Meter der Campanile des Doms von Cremona südöstlich von Mailand (1284). Höher waren nur noch Ägyptens Pyramiden, als Meister Johannes um das Jahr 1300 mit dem Bau des Südturms begann.

Architektonisch galt es folgendes Problem zu lösen: Schließt die Turmfassade ein dreischiffiges Langhaus ab wie in Reims und Amiens, so bot sich die einfache Lösung an, die zwei Türme über den beiden Seitenschiffen zu errichten. Ein fünfschiffiges Langhaus wie in Köln jedoch stellte den Dombaumeister vor die Alternative: entweder zwei schmächtige Türme über je einem der vier Seitenschiffe – oder zwei gewaltige Türme über jeweils zwei Seitenschiffen. Doppelte Breite, das hieß vierfache Fläche; und da die Türme entsprechend höher werden mußten, wenn sie die Proportionen wahren wollten: achtfaches Bauvolumen, eine Masse, groß genug, um daraus ganze französische Kathedralen zu errichten.

Und wie hoch sollten die Kölner Türme werden? Der Plan des Johannes liefert Anhaltspunkte, wenn auch nicht mehr. Im Maßstab 1:36 ist dieser Plan 4,05 Meter hoch auf Pergament aus der Haut von elf Ziegen gezeichnet. Faltig und vergilbt hängt er heute in einer Chorkapelle des Doms und zeigt doch bis ins letzte Detail das charakteristische Gesicht der Türme; vor allem die bis zum Äußersten getriebene Auflösung der Massen: durch riesige Maßwerkfenster, durch Ziergiebel und Ziertürme, die die wenigen waagerechten Linien überlagern, und durch das allgegenwärtige senkrechte Stabwerk, das die Türme wie *schraffiert* erscheinen läßt, »wie die Schnüre eines lautlosen Regens« – der französische Schriftsteller Jean Genet hat das über einen neugotischen Gerichtssaal gesagt, aber es ist ein schönes Bild für die strebenden Stäbe auf den Kölner Türmen.

Und wie hoch hatte Meister Johannes sie geplant? Das verzogene Pergament gibt darüber keine exakte Auskunft mehr: mindestens 146 Meter, wahrscheinlich aber noch näher an den 157 Metern, auf die die Türme im 19. Jahrhundert wuchsen; die obersten 62 Meter davon jenes Spitzengewebe aus Stein, wie Meister Johannes es vorgezeichnet hatte und wie es, in Kenntnis seines Plans, zuerst beim 116 Meter hohen Freiburger Münster verwirklicht worden ist.

Und welche versteckten Motive hätten daran mitgewirkt? Eines ist offenkundig: Mit Türmen zu prunken wurde mit der Gotik ein beliebtes Spiel und ist es bis heute geblieben. 1291 begann die flandrische Handelsstadt *Brügge*, über ihren Hallen einen 108 Meter hohen Belfried zu errichten; 1320 begann die flandrische Tuchmacherstadt *Gent*, ihren Belfried auf 118 Meter hochzutreiben. Als *Florenz* seinen Palazzo Vecchio 1314 mit einem 94 Meter hohen Turm gekrönt hatte, wurde es 1348 von seinem Kriegsgegner *Siena* mit der Torre del Mangia ausgestochen, 102 Meter hoch. Die gotische Baukunst, schrieb Johann Gottfried Herder 1791, »wäre nie zu ihrer Blüte gelangt, wenn nicht Republiken und reiche Handelsstädte mit Domkirchen und Rathäusern so gewetteifert hätten wie einst die Städte der Griechen mit Bildsäulen und Tempeln«.

Manche gerieten dabei an den Rand der Katastrophe. Als 1266 die Kathedrale von *Salisbury* in Südengland dem Plan gemäß vollendet war, ließen die Domherren noch mehr als 6000 Tonnen Stein auf die Vierung türmen und erreichten so 123 Meter Höhe. Die Vierungspfeiler von Salisbury sind durchgebogen, Eisenzüge wurden eingezogen, Gewichte als Gegendruck angebracht – doch der Turm steht, nur um 60 Zentimeter gegen die Senkrechte geneigt.

Manche aber übernahmen sich. In der reichen Hansestadt *Stralsund* gegenüber der Insel Rügen krachte 1382 der Turm der Marienkirche zusammen und zerschlug das Langhaus; 1478 war er neu errichtet und erreichte 151 Meter, womit er das Straßburger Münster um neun Meter übertroffen hatte. 1647 schlug der Blitz in die hölzerne Spitze, sie brannte ab.

Beauvais, die Tuchmacherstadt zwischen Paris und Amiens, wollte mit der Innenhöhe ihrer Kathedrale ausdrücklich die von Amiens übertrumpfen – 1284 stürzte der Chor ein; und 1569 wollten die Bürger von Beauvais noch die Kuppel der Peterskirche in Rom überbieten (Außenhöhe 136 Meter) und stellten einen 153 Meter hohen Turm auf die Vierung, zwei Meter höher als die Marienkirche von Stralsund; doch ihm fehlte das Widerlager des Langhauses, mit dessen Bau noch gar nicht begonnen worden war, und schon nach vier Jahren stürzte der Turm zusammen und mit ihm der Chor zum zweitenmal.

Noch höher hinaus wollten die Bürger von *Mecheln*, der reichen Handelsstadt in Flandern: 1452 beschlossen sie, einen Turm zu bauen, der nach heutigen Schätzungen zwischen 160 und 168 Meter hoch geworden wäre, in der erklärten Absicht, das Straßburger Münster zu entthronen; 1520 hörten sie bei 97 Metern auf, doch dieser Turmstumpf – zwei Meter höher als die Kölner Türme unterhalb der Maßwerkhelme – ist eines der eindrucksvollsten Monumente gotischen Höhenrauschs. Die reiche Tuchmacherstadt *Mons* in Flandern schließlich plante 1460 für ihre Kathedrale einen 190 Meter hohen Turm; 1621 war das Schiff vollendet, der Turm wurde nie gebaut.

Das wird man einen ziemlich weltlichen Ehrgeiz nennen dürfen – schwer abzugrenzen gegen den hundertjährigen Wettlauf zwischen New York und Chicago um den höchsten Wolkenkratzer, der ja viel mehr mit Protzerei als mit knappen Grundstücken zu tun hat (seit 1974 liegt Chicago vorn, mit dem 442 Meter hohen Sears Tower); verwandt auch dem Wunsch der Stadt Frankfurt, mit ihrem 256 Meter hohen Messeturm das höchste Haus Europas zu besitzen – weit über den Türmen der Deutschen Bank, im Volksmund »Soll und Haben«, die es nur auf 155 Meter bringen.

Warum aber waren es gerade die Türme, mit denen Bischöfe, Fürsten, Patrizier und Kaufhauskönige prahlen wollten? Sie sind, wie kein anderes Menschenwerk, ein weithin sichtbares Wahrzeichen, ein Signal der Macht: Sie zu bauen, können sich nur die Reichsten leisten, und sich riesig über Welt und Menschen zu erheben, ist ein Ausdruck des Glaubens, *unten* sei alles, was wir bezeichnenderweise »niedrig« nennen, und *oben* sei das »Hohe«, Edle, Erhabene und Gott; und auch der Chef sitzt immer in der obersten Etage.

Schätzen wir das Oben, weil die Schwerkraft uns nach unten zieht – weil der Sieger steht und der Besiegte liegt – weil alle Kinder der Welt davon träumen, groß zu sein – weil wir das Aufrechte unseres Gangs bis zu den Wolken verlängern wollen? »Denn nicht zur Erde gebeugt ist der Mensch erschaffen«, schrieb der Kirchenvater Augustinus, »vielmehr mahnt ihn die zum Himmel emporgereckte Leibesgestalt, nach dem zu trachten, was oben ist.«

So traf sich der Drang nach gebührendem Ausdruck weltlicher Macht mit dem Kindertraum von Gullivers Größe und dem Weltbild der meisten Religionen: Jesus fuhr auf einer Wolke gen Himmel, und Ehre sei Gott in der Höhe. Kirchtürme, schrieb der Göttinger Physiker und Spötter Georg Christoph Lichtenberg, das seien »umgekehrte Trichter, das Gebet in den Himmel zu leiten«. Kaum war Juri Gagarin 1961 als erster Mensch im Weltraum gekreist, da versicherte er als folgsamer Sowjetbürger, Gott habe er übrigens da oben nicht gefunden, und kirchliche Kreise beeilten sich, darauf hinzuweisen, daß man so wörtlich die Bibel auch wieder nicht verstehen dürfe.

Der Drang des Kölner Südturms zu den Wolken wurde 1410 auf 432 Jahre unterbrochen. 58 Meter hoch, machte er nur ein Fünftel der Baumasse der geplanten zweitürmigen Fassade aus und war doch eines der gewaltigsten Bauwerke des Mittelalters. Der Nordturm brachte es noch im 16. Jahrhundert auf eine Rückwand von 22 Metern Höhe und sechs Meter hohe Außenpfeiler.

Hatten die Dombaumeister sich übernommen, von weltlichem Ehrgeiz getrieben und berauscht von ihrer Macht über den Stein? Fühlten sie sich als »Rivalen des Schöpfers«, wie später Claude-Nicolas Ledoux, der Wortführer der Architekten in der Französischen Revolution? Wie auch immer: Sie hatten sich zwar bis an die Grenze des

Mit Qualm versuchten die Pestärzte sich vor Ansteckung zu schützen. Daß die Pest von Ratten übertragen wurde, war unbekannt.

Machbaren heranbewegt, doch mit mehr Geld hätten sie ihr Ziel erreicht, vielleicht in weiteren 150 Jahren, schätzt der heutige Dombaumeister, Arnold Wolff.

Aber selbst das reiche Köln konnte oder wollte den Titanenbau nicht mehr bezahlen, und so wurde 1410 zuerst an den Türmen die Arbeit eingestellt. Es kam hinzu, daß Europa 1348/49 die bis heute schrecklichste Katastrophe seiner Geschichte erlebt hatte: das schlimmste Wüten der Pest. Mehr als ein Drittel aller Europäer raffte sie dahin, ganze Sippen löschte sie aus, in Hamburg und Bremen brachte sie 60 Prozent der Bewohner um, in Florenz noch mehr. Die Menschen sahen sich dem Zorn Gottes über ihre Sünden ausgeliefert und hielten das Ende der Welt für gekommen. Die Priester kamen mit der letzten Ölung nicht nach oder verweigerten sie, aus Angst, sich anzustecken.

Daß die Pest von Ratten und Flöhen übertragen wurde, war unbekannt. Die Universität Paris führte das Unheil auf eine ungewöhnliche Konstellation von Saturn, Mars und Jupiter zurück; vielerorts aber glaubten die Christen zu wissen, wer schuld sei: die Juden. Verfolgt und bedrängt, begingen Juden von Worms, Mainz und Frankfurt kollektiven Selbstmord: Sie verbarrikadierten sich in ihren Häusern, steckten sie an und verbrannten mit ihnen. Als die Kölner Juden dasselbe planten, wurde ihr Vorhaben dem Senat bekannt, und er verjagte sie.

Zwar wütete in Köln – mit 40 000 Einwohnern weiter Mitteleuropas größter Stadt – die Pest weniger schlimm als anderswo, doch geriet der große Handelsplatz am Rhein notgedrungen in den Strudel des allgemeinen Niedergangs. Auch setzten sich Zwist und Bürgerkrieg zwischen den regierenden Patrizierfamilien und den Handwerkerzünften fort: 1370 riß die Zunft der Tuchweber die Macht an sich, 1371 wurde ihr Aufstand blutig niedergeschlagen, ihre Anführer wurden hingerichtet, ihre Gewandhäuser eingeebnet.

Die Patrizier waren 1388 freilich wieder reich genug, um eine Universität zu gründen – die vierte in Deutschland

Martin Luther, gemalt von Lucas Cranach d. Ä. 1528. Luthers Wirken trug dazu bei, daß der Dombau einschlief.

nach Prag, Wien und Heidelberg, aber die erste, die nicht ein Fürst oder ein Erzbischof, sondern die Bürger einer Stadt finanzierten. Rasch entwickelte sie sich zu einer der angesehensten Europas. 1798 wurde sie von den Franzosen geschlossen, 1919 wiedergegründet vom Oberbürgermeister Konrad Adenauer; heute ist sie die drittgrößte der Bundesrepublik nach München und Berlin.

Auch im 15. Jahrhundert blieb Köln das, was es seit 1180, als mit dem Bau der acht Kilometer langen Festungsmauer begonnen wurde, die meiste Zeit gewesen war: eine Baustelle. Die Bürger errichteten einen mächtigen Rathausturm, ein Kornhaus, zahlreiche Kaufhäuser und den spätgotischen Gürzenich als »der Herren Tanz- und Festhaus« für die Unsumme von 80 000 Gulden.

Der spätere Papst Pius II. sagte 1447 nach einem Besuch in Köln, in ganz Europa habe er keine herrlichere Stadt gesehen als diese mit ihren prächtigen Kirchen, Türmen und bleigedeckten Gebäuden. Ein Jahr später wurde im Stumpf des Südturms die Glocke »Pretiosa« aufgehängt, elf Tonnen schwer, damals die größte der Christenheit und noch heute für ihren singenden Klang berühmt; zwölf Männer waren nötig, sie zu läuten. Zwischen 1449 und 1493 bauten oder erweiterten die Kölner nicht weniger als 21 Kirchen. Über den Dom dagegen hieß es in der Stadtchronik von 1499 nur, an diesem großen, kostbaren, ewigen Werk werde »zur Zeit noch täglich gebaut«.

Das klang nicht mehr nach großem Schwung. Während sich bis dahin aber keine konkreten Gründe für das offensichtliche Nachlassen der Begeisterung erkennen lassen, trat kurz darauf ein Ereignis ein, das das Erlahmen begreiflich macht: 1517 erschütterte Martin Luther mit dem Anschlag seiner Thesen an der Schloßkirche zu Wittenberg den alten Glauben, und gleichzeitig brachte er den Ablaßhandel in Mißkredit.

Ablaß: Das war die Ablösung von Kirchenstrafen durch Geldspenden an die Kirche, also eine Art Selbstfinanzierung. 1508 schrieb Papst Julius II. einen Ablaß für die Pe-

Der Chor mit einer 60 Meter hohen Mauer abgeschlossen, der Südturm ein Stumpf – so sah der Dom aus von 1560 bis 1842.

terskirche aus, mit deren Bau im Jahr zuvor begonnen worden war; und auch der Dom zu Köln hatte sich seit 1300 großenteils aus Ablässen finanziert.

Woraus sonst noch? Nach heutigem Geld ist der Dom ein Milliardenobjekt; er faßt mehr Menschen, als die Stadt beim Baubeginn Einwohner hatte – man übertrage das auf eine Millionenstadt von heute! Und während in Frankreich der König die Kathedralen finanzieren half (die ja zumeist in seinem Kronland lagen, der Ile-de-France), wuchsen die deutschen Dome allein aus der Kraft der Gläubigen und ihrer Diözese.

Zunächst wurden für den neuen Dom in Köln alle Gaben verwendet, die die Gläubigen außerhalb der Messe am Petrus-Altar niederlegten, dazu ein Teil der Einnahmen aus dem Opferstock in der Schatzkammer. So hatte es 1248, im Jahr der Grundsteinlegung, das Domkapitel beschlossen, das Kollegium der Domherren oder Chorherren, das den Erzbischof wählte. In Köln bestand das Domkapitel aus einer wechselnden Zahl von geistlichen und weltlichen Herren, wobei die weltlichen durchweg und die geistlichen überwiegend Freiherren, Grafen und Fürsten waren; auch Kaiser und Papst gehörten dem Kapitel an.

Die adligen Herren trugen aus Spenden das Ihrige bei, ebenso Klöster, Stifte und die kölnischen Großkaufleute. Sogar König Heinrich III. von England spendete für den Dom, auf Bitten des Erzbischofs Konrad von Hochstaden, der den Grundstein gelegt hatte. Dazu also kamen seit 1300 die Einnahmen aus dem Ablaß. Er wurde auch Bürgern gewährt, die den Dom in ihrem Testament bedachten, und solche Legate blieben eine Bürgersitte, bis 1794 der Einmarsch der französischen Revolutionstruppen die Tradition zerbrach.

Auch die kleinen Leute spendeten: dieser ein Schaf, jener ein Huhn, ein anderer seinen besten Rock; manche arbeiteten unentgeltlich als Handlanger oder Fuhrleute, tageweise oder auch monatelang – »eine Tat vor Gott«, die die Kirche ebenso einstufte wie die Teilnahme an einem

Ein halbes Jahrtausend lang blieb der hölzerne Kran auf dem Stumpf des Südturms das Wahrzeichen von Köln (Stich von 1499).

Kreuzzug. In Stralsund legte der dortige Kirchenbaumeister eine Anleihe auf, die als Leibrente zurückgezahlt werden sollte; doch kalkulierte er so leichtfertig, daß er Bankrott gemacht hätte, wären nicht Tausende von Stralsundern 1433 in jungen Jahren an der Pest gestorben.

Zu all diesen Geldquellen kam der Umstand, daß der Dombau segensreich auf viele Wirtschaftszweige wirkte: Er setzte Handwerker und Tagelöhner, Rheinschiffer und Fuhrleute ins Brot, zog Spezialisten aus anderen Gegenden und später Pilger in die Stadt, vermehrte die Nachfrage nach Stein, Holz, Eisen, Blei und Glas und ließ die Grundstückspreise steigen. Überdies setzte er für die Leistungen im Bau- und Kunsthandwerk neuartige, unerhörte Qualitätsmaßstäbe, die den weltlichen Geschäften zugute kamen.

Doch mit dem Sinken des Mittelalters klang aller Eifer aus. Seit 1492, als Kolumbus in Amerika landete, stürzte das alte Bild der Erde Schlag um Schlag zusammen:

1498 Seeweg nach Indien entdeckt; die alten Handelsströme vom Orient über Venedig und Köln nach Flandern werden umgelenkt über Lissabon.

1517 Luthers Thesenanschlag

1519–1522 Die Erde zum erstenmal umsegelt

1525 Dombau in Regensburg eingestellt

1529 Dombau in Ulm eingestellt

1542 Der Kölner Erzbischof Hermann Graf von Wied läßt in seiner Residenzstadt Bonn Luthers Lehre verkünden (1546 wird er vom Papst abgesetzt).

1543 Kopernikus verstößt die Erde aus dem Mittelpunkt der Welt.

1560 Der Dombau in Köln wird eingestellt.

Schon 1512 hatten am Dom nur ein Meister und ein Geselle gewerkelt; dasselbe noch einmal im Steinbruch am Drachenfels. Heute sind 64 Handwerker allein damit beschäftigt, die Substanz zu erhalten. Eine 60 Meter hohe Mauer schloß den Chor seit 1300 ab. Zwischen ihr und dem

Ein Ziergiebel, seinerseits verziert – nach dem gotischen Prinzip: Alle Materie gilt es aufzulösen.

mächtigen Südturm klaffte eine Lücke von 70 Metern Länge: Das Langhaus war nur 13 Meter hoch geraten und provisorisch abgedeckt. Meister Johannes hatte die 70 Meter einfach übersprungen und sich der Turmfassade zugewandt, vermutlich weil die Türme ein notwendiges Widerlager für die Pfeiler und Gewölbe des künftigen Langhauses waren; nach gotischer Art wurden diese ja so sparsam bemessen, daß sie ohne das Widerlager unstabil geblieben wären.

Der 70-Meter-Sprung brachte freilich ein Problem: Zur Vermessung gab es bis ins 16. Jahrhundert nur Lot, Winkeleisen, Latte und Schnur, und der Baugrund war uneben, auch wegen der Reste des Alten Doms nicht klar zu überblicken. So ist es eher ein Kompliment, daß Meister Johannes die exakte Gerade nur um 38 Zentimeter verfehlte – ein leichter Knick im Langhaus, der mit bloßem Auge erst erkennbar wird, wenn man den hundert Meter langen stählernen Laufsteg unter dem Dachfirst entlangblickt, angelegt 1987 auf Wunsch der Feuerwehr.

Ein weltberühmter Chor, ein gewaltiger Turmstumpf, ein labyrinthisches halbfertiges Gemäuer – man kann sich vorstellen, wie einsam und unnütz da einst Meister und Geselle durch die Bauruine irrten, hier noch ein Werkstück einpassend, dort nur den langsamen Verfall registrierend; ein Gruselfilm für eine Riesenleinwand, eine Tragikomödie; nach Goethe »ein leider nur beabsichtigtes Weltwunder«. Das blieb es 282 Jahre lang.

Gotischer Höhenrausch

Jahr der Vollendung	Höhe	
1160	105 m	Südturm der Kathedrale von CHARTRES
1284	111 m	Campanile des Doms von CREMONA
1311	160 m	Mittelturm der Kathedrale von LINCOLN
1320	124 m	Liebfrauenkirche in BRÜGGE
1351	125 m	Doppeltürme der Marienkirche in LÜBECK
1433	137 m	Stephansdom in WIEN
1439	142 m	Münster in STRASSBURG
1478	151 m	Marienkirche in STRALSUND
1569	153 m	Kathedrale von BEAUVAIS
1880	157 m	Doppeltürme des Doms von KÖLN
1890	162 m	Münster von ULM

Die höchsten Türme im Jahr 1500

		Höhe	Jahr der Vollendung
1.	Kathedrale von Lincoln	160 m	1311
2.	Marienkirche Stralsund	151 m	1478
3.	Straßburger Münster	142 m	1439
4.	Stephansdom (Wien)	137 m	1433
5.	Martinskirche (Landshut)	131 m	1477
6.	Marienkirche (Lübeck)	125 m	1351
7.	Liebfrauenkirche (Brügge)	124 m	1320
8.	Kathedrale von Salisbury	123 m	1365
9.	Freiburger Münster	116 m	1330
10.	Rathaus von Brüssel	114 m	1455
11.	Kathedrale von Amiens	113 m	Anf. 15. Jh.
12.	Dom von Cremona	111 m	1284

Domschweizer: Rentner, die für Ordnung sorgen. Im Winter tragen sie luftgepolsterte Schuhe – der Dom ist nicht heizbar.

Vor der Westfassade ist immer Betrieb: Kinder, Sänger, Musiker, Bettler, Demonstranten machen die Domplattform zur Arena.

Kardinal Joseph Höffner, Erzbischof von Köln von 1969 bis 1987, bei der Feier seines 80. Geburtstags, 1986, mit Bundeskanzler Kohl.

Das Museum Ludwig vor den Strebepfeilern der Südfassade – hier Industrieform, dort Stein als Medium der Himmelfahrt.

Mosaik von 1890 im Chorumgang: Erzbischof Hildebold und der Alte Dom zu Köln, der 1248 dem neuen weichen mußte.

Oben die 17 Meter hohen Fenster des Obergadens, darunter das Triforium, das sich wie eine Borte um Lang- und Querhaus zieht.

Die Pfeiler sind von schlanken Halbsäulen umgeben, sogenannten Diensten: Sie sollen der Massigkeit entgegenwirken.

Der Inbegriff der Gotik: Ohne Halt für das Auge schießen die Dienste 43 Meter hoch in die Scheitel des Gewölbes.

Das Chorgestühl vor der mittleren Chorschranke. Auf ihr wird die Geschichte der Heiligen Drei Könige erzählt.

Das Bayernfenster im südlichen Seitenschiff, so genannt, weil der bayerische König Maximilian II. es gestiftet hat.

Das Dreikönigenfenster – eines der Wunder mittelalterlicher Glasmalerei, das die Jahrhunderte überstanden hat.

Das Jüngere Bibelfenster mit der Maria in der südlichsten der acht Chorkapellen, entstanden um 1280.

Der Chor von 1322, 41 Meter lang, 43 Meter hoch – nach Goethe »das tüchtigste, großartigste Werk« auf Erden.

Der Dreikönigsschrein, der kostbarste Reliquienschrein der Christenheit. Gleichsam um ihn herum wurde der Dom gebaut.

1840: Ein Denkmal deutscher Größe

Nun gammelte er fast drei Jahrhunderte lang vor sich hin, der zyklopische Torso aus ganzem Chor und halbem Turm mit einer klaffenden Lücke von 70 Metern. Zwischendurch diente er als Getreidespeicher und Gefangenenlager. 1823 endlich war es so weit, daß die Dombauhütte wieder ins Leben gerufen wurde und mit den dringendsten Reparaturen beginnen konnte – mit Hilfe Gottes, Goethes und vieler Protestanten.

Die Stadt besaß längst nicht mehr den Glanz des späten Mittelalters. Zwar war ihre Rheinfront berühmt in ganz Europa, mit ihren 83 Kirchen lag sie »so üppig hingegossen, so mit unzähligen Türmen prangend da«, wie Georg Forster 1790 schrieb, der Lobredner des Doms mit seinem »himmelan sich wölbenden Chor«; doch derselbe Forster sprach vom »finstren, traurigen Köln«, mit Scharen von zerlumpten Bettlern auf den Straßen, von denen die reichsten ihre Stammplätze an den Kirchentüren förmlich vererbten oder ihrer Tochter als Mitgift gäben. Die Geistlichen, »deren ungeheure Menge auf einen Reisenden immer einen unangenehmen Eindruck macht«, hielten sich die Rotten der Bettler als Miliz, die sie am Seil des schwärzesten Aberglaubens führten.

Die Verachtung des preußischen Protestanten für Kölns »schwarzgallichten Fanatizismus« ließ die Konflikte ahnen, zwischen denen von 1842 an der Dom erstaunlicherweise dennoch in die Höhe wuchs. Daß aber Köln einen traurigen Anblick biete, versicherte noch der Große Brockhaus von 1845, der die Gassen als »winkelig, eng und schmuzig« bezeichnete.

Den Dreißigjährigen Krieg hatte Köln glimpflich über-

Karl Friedrich Schinkel, preußischer Oberbaudirektor, warnte 1816 vor einem »bedeutenden Unglück« am Torso des Doms.

standen. Mehr Unheil richteten die Franzosen an; einiges Heil freilich auch. 1794 werden Köln und Bonn, die Residenz des Erzbischofs, von französischen Revolutionstruppen besetzt. Max Franz, das jüngste Kind der österreichischen Kaiserin Maria Theresia und der letzte Erzbischof, der zugleich ein Kurfürst des Deutschen Reiches war, flieht nach Münster. Den Dreikönigsschrein aus dem Dom hat das Domkapitel noch rechtzeitig zerlegen und verstecken lassen können.

1796 verbieten die Franzosen den Gottesdienst im Dom und benutzen ihn als Magazin. Sie zerstören die Wappen der Kurfürsten und die hölzernen Gedenktafeln in den Kapellen, sie zerschlagen die Sarkophage der Erzbischöfe und rauben die Bleiplatten vom Dach des Chors. Der französische Bischof Berdollet plädiert dafür, den Dom ganz abzutragen.

1797 quartieren die Franzosen im Westteil des Doms mehrere tausend österreichische Kriegsgefangene ein; die verheizen in dem kalten Winter 1797/98 alles, was aus Holz ist. 1801: Der Konsul Napoleon Bonaparte zerschlägt das Erzbistum Köln – 6600 Quadratkilometer groß mit 230 000 Einwohnern. Das Herzogtum Westfalen geht an Hessen-Darmstadt, die größeren linksrheinischen Teile mit der Stadt Köln fallen an Frankreich. Doch macht Bonaparte den Dom zur Pfarrkirche und gestattet die Wiederaufnahme des Gottesdienstes.

Und auch ein Quantum Liberalität stellen die Franzosen her. Den Protestanten – 1575 aus Köln vertrieben – gewähren sie 1797 das Bürgerrecht und fünf Jahre später das Recht der freien Religionsausübung; den Juden, bei der Pest von 1349 und endgültig 1424 aus der Stadt verjagt, erlauben sie, sich wieder anzusiedeln. So zwingt die Besatzungsmacht den Kölnern zwei Menschengruppen auf, die ihnen an Weltoffenheit und Kaufmannsgeist großenteils überlegen sind.

1810: Durch kaiserliches Dekret aus Paris wird das Eau de Cologne aus der Liste der zugelassenen Arzneien gestri-

Der Wirkliche Geheime Rat Dr. Johann Wolfgang von Goethe (Zeichnung von 1810) empfahl 1815, den Kölner Dom zu restaurieren.

chen. Als Heiltrunk war es überwiegend verwendet und berühmt geworden, seit der Italiener Paolo Feminis es am Ende des 17. Jahrhunderts in Köln zunächst als »Wunderwasser« auf den Markt gebracht hatte. Ohne es zu wollen, tat Napoleon dem Kölnisch Wasser damit vermutlich einen Gefallen: Gegen die moderne Pharmaindustrie hätte es sich kaum behaupten können – als Duftwasser verkauft es sich noch heute zehnmillionenmal im Jahr.

1815 fällt Köln an das ungeliebte Königreich Preußen. Das stellt 1821 das Erzbistum wieder her und macht den Dom wieder zur Bischofskirche, womit es auch die Fürsorgepflicht für ihn übernimmt. Nach 556jährigem Exil, zumeist in Bonn, kehren die Erzbischöfe in ihre Stadt zurück. Viel Freude haben sie allerdings nicht an ihrem protestantischen König.

Ebenfalls 1815 tut der weimarische Hoftheaterdirektor und Wirkliche Geheime Rat Dr. Johann Wolfgang von Goethe, der berühmteste Dichter des Abendlands, einen Schritt, ohne den der Dom möglicherweise nie vollendet worden wäre: In einer Denkschrift an den preußischen Innenminister empfiehlt er, den Dom zu restaurieren.

Als 23jähriger war Goethe vom Straßburger Münster überwältigt: »Ein mißgeformtes krausborstiges Ungeheuer« habe er erwartet, schrieb er 1772 – und wie habe der Anblick ihn überrascht: »ganz, groß und bis in den kleinsten Teil notwendig schön, wie Bäume Gottes«. Unter dem Eindruck seiner italienischen Reise (1786 bis 1788) habe er sich der gotischen Baukunst entfremdet, berichtete Goethe später.

Der, der ihn für die Gotik zurückgewinnt, ist ein junger Kunstsammler aus reichem Kölner Kaufmannshaus, Sulpiz Boisserée. Er will nicht die Bauruine restaurieren – er will den Dom vollenden; und er betreibt sein Vorhaben mit Kunstverstand, besessener Liebe und, wie wir heute sagen würden, mit einer perfekten Werbestrategie: Er nimmt nicht den Weg durch die Behörden – er wendet sich an Goethe und an den kunstsinnigen preußischen Kronprin-

Ernst Friedrich Zwirner, ein Protestant aus Schlesien, wurde 1833 von Schinkel als Dombaumeister nach Köln geschickt.

zen, der 1840 als Friedrich Wilhelm IV. den Thron besteigt. Um solche Herren zu beeindrucken und zugleich Unterlagen für die angestrebte Vollendung zu schaffen, beginn Boisserée 1808, den Torso in sämtlichen Details zu vermessen und, zusammen mit einem Architekten, einem Restaurator und einem Theatermaler, Hunderte von exakten Zeichnungen von ihm anzufertigen. Sechs davon schickt er 1810 an Goethe, mit der Bitte, den Verleger Cotta, der auch Goethes Verleger ist, für ein großer Kupferstichwerk über den Dom zu gewinnen. Goethes Antwort ist freundlich, enthält jedoch den Satz: »Der perspektivische Aufriß gibt uns den Begriff der Unausführbarkeit eines so ungeheuren Unternehmens, und man sieht mit Erstaunen das Märchen vom Turme zu Babel an den Ufern des Rheines verwirklicht.«

Immerhin, 1811 empfängt der 61jährige Goethe in Weimar den 28jährigen Boisserée, und er findet Gefallen an ihm. 1812 schreibt er in »Dichtung und Wahrheit«: »Vorzüglich belobe ich hier den wackeren Sulpiz Boisserée, der unermüdet beschäftigt ist, in einem prächtigen Kupferwerke den Kölnischen Dom aufzustellen als Musterbild jener ungeheuren Konzeptionen, deren Sinn babylonisch in den Himmel strebte und die zu den irdischen Mitteln dergestalt außer Verhältnis waren, daß sie notwendig in der Ausführung stocken mußten. Haben wir bisher gestaunt, daß solche Bauwerke nur so weit gediehen, so werden wir mit der größten Bewunderung erfahren, was eigentlich zu leisten die Absicht war.«

Im Juli 1815, bedrängt von Boisserée und dazu von dem pensionierten preußischen Staatsminister Freiherr vom Stein, reist Goethe zum erstenmal nach Köln und studiert die größte Bauruine des Abendlands drei Tage lang. Es muß überwältigend gewesen sein, aus dem geduckten, holzgedeckten Langhaus, im Mittelalter nur bis 13 Meter Höhe gemauert, durch die Tür in der Schlußwand in den himmelhohen Chor zu treten, mit den 17 Meter hohen, lichtdurchfluteten Glasgemälden des Obergadens.

Der reiche Kölner Sulpiz Boisserée machte sich die Vollendung des Doms zur Lebensaufgabe und gewann Goethe als Verbündeten.

»Ein Unvollendetes, Ungeheures« stehe einem hier vor Augen, schrieb Goethe über seinen ersten Eindruck; es erinnere an die Unzulänglichkeit des Menschen, »sobald er sich unterfängt, etwas Übergroßes leisten zu wollen«. Vier Monate später schickt Goethe die Denkschrift, um die Freiherr vom Stein ihn gebeten hat, an den preußischen Innenminister ab.

Sie macht Eindruck: Der preußische Oberbaudirektor Karl Friedrich Schinkel, später als Architekt in Berlin berühmt, erhält 1816 den Auftrag, den Bauzustand des Doms zu untersuchen. Sein Bericht gipfelt in dem Satz, es könne dort jederzeit »ein bedeutendes Unglück« geschehen.

Bald darauf beginnt für die dringendsten Reparaturen Geld aus der preußischen Staatskasse nach Köln zu fließen. 1823 wird die Dombauhütte wieder ins Leben gerufen. Im Jahr danach schreibt Schinkel an seine Frau: »Die Domarbeiten sind das Gefährlichste, was es gibt. Ich selbst glaubte, überall in Lebensgefahr zu sein, weil die Verwitterung so zugenommen hat, daß täglich Stücke der vielen freistehenden Teile herabstürzen.«

1833 schickt Schinkel den erst 31jährigen schlesischen Architekten Ernst Friedrich Zwirner als Dombaumeister nach Köln. Zwirner und Schinkel, zwei Protestanten, legen bis 1838 jeder zwei Ausbaupläne vor, die zunächst den Verzicht auf Gewölbe, später zwar Gewölbe, aber nicht das gotische Strebewerk enthalten; das soll durch eiserne Zuganker ersetzt werden. Gemeinsam ist diesen Plänen: Einem späteren vollständigen Ausbau stehen sie nicht im Weg.

1837 setzt die preußische Regierung den Kölner Erzbischof Klemens August Freiherr von Droste zu Vischering ohne Richterspruch für siebzehn Monate auf der Festung Minden gefangen, weil er seinen Pfarrern bei konfessionellen Mischehen die Trauung nur gestattete, wenn die Eltern sich verpflichteten, ihre Kinder katholisch zu erziehen. Versprachen sie dies nicht, so konnten sie überhaupt nicht heiraten, da die Zivilehe in Preußen erst 1874, im Deutschen Reich ein Jahr später eingeführt wird. Droste darf nicht nach Köln zurück und stirbt 1845 in Münster.

Und unter solchen Umständen soll der Dom vollendet werden? Da tritt 1840 eine Wende ein: Friedrich Wilhelm IV. wird König von Preußen – »der Romantiker auf dem Thron«, ein Schwärmer für das Lebensgefühl und die Ständeordnung des Mittelalters mit Sympathien für den Katholizismus. Aus dieser Grundhaltung heraus wie auch aus politischer Einsicht bemüht er sich sogleich um eine Versöhnung zwischen den Konfessionen und sieht in der Fertigstellung des Doms ein Mittel, das Rheinland gleichsam zu entschädigen. Für die Vollendung hat ihn schon 1813 Sulpiz Boisserée gewonnen. Noch 1840 bitten 200 angesehene Kölner Bürger den König um die Gunst, einen Dombauverein gründen zu dürfen; sie wird ihnen gewährt.

Im Januar 1842 ist es soweit: Friedrich Wilhelm IV. erläßt die Order, der Dom sei zu vollenden, jedoch ohne Strebewerk. Im Februar weist er Zwirner unter vier Augen an, »streng nach dem Originalplan« zu verfahren, wie dies auch der Dombauverein fordert – also *mit* Strebewerk.

Nach 34 Jahren unermüdlichen Werbens hatte Sulpiz Boisserée gesiegt. Und dies nicht nur damit, *daß,* sondern auch damit, *wie* der Dom vollendet werden sollte. Das war ja nicht so selbstverständlich, wie wir heute meinen. Dem Plan zur Fertigstellung lagen zwei Urteile zugrunde, die sich auch als Vorurteile einstufen lassen.

Bei einem dieser Urteile herrschte Einigkeit: »Gotik ist besser als Barock.« Von 1744 bis 1770 war der Dom innen im Barockstil restauriert worden: fast durchweg weiß gestrichen, mit Wandteppichen und gelber Seide geschmückt, mit einem spätbarocken Hochaltar versehen. Eine Denkmalpflege, die eben den Barockzustand hätte konservieren wollen, würde sich nicht mit objektiven Gründen widerlegen lassen.

Problematisch ist jedenfalls das zweite Urteil von 1842: »Hochgotik ist besser als Spätgotik. Wir bauen so weiter, wie der Chor aus dem 13. Jahrhundert und der Südturm aus dem 14. Jahrhundert uns dies vorgeben.« Die Gotik ist ja ein systematischer Stil, der wenige Grundformen und Proportionen in jedem Teil des Baus in jeder Größe wiederholt; gerade die Systematik, die der scheinbaren Wirrnis innewohnt, faszinierte die zeitgenössischen Architekten und machte die Gotik später zum bewunderten Vorbild der amerikanischen Wolkenkratzer.

Nur entstand damit im 19. Jahrhundert ein Dom, den es nie gegeben hätte, wäre er in gotischer Zeit, das heißt bis etwa 1500, vollendet worden. Denn die damaligen Baumeister dachten gar nicht daran, sich über die meist jahrhundertelange Bauzeit hinweg an das Stilmuster zu halten, das bei der Grundsteinlegung vorgegeben worden war. Je weiter der Bau fortschritt, desto mehr verfeinerten und desto freier variierten sie die Formen; die massigen Pfeiler lösten sie in Bündel auf, die Ziertürme machten sie schlanker, das Maßwerk vor den Fenstern und auf den Wänden reicher und schnörkelhafter. Nicht zu verharren, sondern sich zu entwickeln gehörte zum Stil der Gotik, und selbst völlig ungleiche Türme wie in Chartres, Amiens, Rouen lassen sich ihr als typisch zurechnen: Die korrekt durchgehaltene Form war offensichtlich nicht gewollt, jedenfalls nicht erreichbar über Jahrhunderte hin.

Spricht also gegen den fertigen Dom zu Köln seine »pedantische Gewissenhaftigkeit«, wie eine verbreitete Kritik schon im 19. Jahrhundert lautete? Ist er »eine kalte archäologische Abstraktion«, die das Greisenalter der Gotik künstlich zu beleben versuchte, wie der einflußreiche Kunsthistoriker Georg Dehio am Anfang unseres Jahrhunderts schrieb? Oder hat umgekehrt die Gotik erst und nur in Köln ihren vollendeten Ausdruck gefunden, weil allein hier ihre grandiose Grundidee konsequent und schlackenlos verwirklicht worden ist?

Auf den Zeitgenossen lasteten andere Sorgen. Evangelische Preußen blickten mißtrauisch auf die Hochburg des Katholizismus, die da auf evangelisches Betreiben emporwachsen sollte; Heinrich Heine war ihr Wortführer. Zwar hatte er sich 1842 in Paris zum Vizepräsidenten des dortigen Dombauhilfsvereins wählen lassen, aber 1844 schrieb er in »Deutschland, ein Wintermärchen«:

Doch siehe, dort im Mondenschein
Den kolossalen Gesellen!
Er ragt verteufelt schwarz empor,
Das ist der Dom zu Köllen.

Er sollte des Geistes Bastille sein,
Und die listigen Römlinge dachten:
»In diesem Riesenkerker wird
Die deutsche Vernunft verschmachten!«

Da kam der Luther und er hat
Sein großes »Halt!« gesprochen.
Seit jenem Tage blieb der Bau
Des Domes unterbrochen.

Er ward nicht vollendet – und das ist gut.
Denn eben die Nichtvollendung
Macht ihn zum Denkmal von Deutschlands Kraft
Und protestantischer Sendung.

Und nach weiterem Spott, darunter auf die Heiligen Drei Könige, fährt Heine fort:

Er wird nicht vollendet, trotz allem Geschrei
Der Raben und der Eulen,
Die, altertümlich gesinnt, so gern
In hohen Kirchtürmen weilen.

Ja, kommen wird die Zeit sogar,
Wo man, statt ihn zu vollenden,
Die inneren Räume zu einem Stall
Für Pferde wird verwenden.

Katholische Christen hatten also einigen Grund, mißtrauisch auf eine solche Mischung aus Haß und preußisch-protestantischer Übermacht zu blicken; um so mehr, als Friedrich Wilhelm IV. den Erzbischof nicht nach Köln zurückließ.

Andererseits erhob es die Gemüter, daß der Dom der Vollendung entgegenwuchs; und ein Gedanke, der in ganz Deutschland umging, war den Kölnern durchaus nicht fremd: daß ihr Dom ein Nationaldenkmal werden könnte, eine Art symbolischer Festung gegen den Erbfeind Frankreich.

Deutschnationale Ideen zur Gotik hatte schon der junge Goethe zu Papier gebracht; über das Straßburger Münster schrieb er: »Aus starker, rauher deutscher Seele« sei sie entstanden, »unsere Baukunst, da der Italiener sich keiner eignen rühmen darf, viel weniger der Franzose«. Patriotischer und schlechter informiert hätte man kaum sein können, denn die Gotik war ein ursprünglich rein französischer Stil. Nur hat Goethe keine der großen französischen Kathedralen je gesehen; bei seinem einzigen Frankreich-Aufenthalt, als Kriegstourist von 1792, kam er nur bis Somme-Tourbe, fünfzig Kilometer vor Reims.

1814 schlug der vaterländische Dichter Ernst Moritz Arndt ein Denkmal für die Völkerschlacht von Leipzig vor, Napoleons vernichtende Niederlage vom Vorjahr; groß und herrlich müßte es werden »wie ein Koloß, eine Pyramide, ein Dom zu Köln«. (Das Völkerschlachtdenkmal entstand dann, als wilhelminischer Protzbau, 91 Meter hoch, von 1898 bis 1913 vor den Toren Leipzigs.)

Da war es der streitbare Joseph Görres, Herausgeber des »Rheinischen Merkurs«, der noch im selben Jahr nicht ein Denkmal *wie* den Kölner Dom, sondern eben den Dom als Denkmal propagierte. Als »ewiger Vorwurf« stehe er da, ein Fluch liege auf ihm: »So lange soll Deutschland in Schande und Erniedrigung leben, bis sein Volk wieder tauglich geworden, solche Werke auszuführen.« Den Dom zu vollenden, das wäre ein »Dankesopfer für die Befreiung von französischer Knechtschaft«. Und heben nicht gerade 1840 die Franzosen wieder unverschämt das Haupt? Hat ihr Außenminister Louis Adolphe Thiers, der schon die Leiche Napoleons von St. Helena heimgeholt und die Befestigung von Paris betrieben hat, nicht soeben unverhohlen einen Krieg zur Rückgewinnung der Rheingrenze propagiert? »Hier, auf dem vielumstrittenen linken Ufer, wollte man den Welschen zeigen, was Kraft und Einmut der Germanen vermöchten«, schrieb der glühende Patriot Heinrich von Treitschke 1894 in seiner »Deutschen Geschichte im 19. Jahrhundert«. Ein Torso paßte nicht zu den hochfliegenden Plänen von deutscher Einheit und Größe.

So überrascht es nicht, daß Friedrich Wilhelm IV. gewaltig in die Saiten griff, als er am 4. September 1842 den Grundstein zum Weiterbau legte – 594 Jahre nach der Grundsteinlegung durch Konrad von Hochstaden, 282 Jahre nach der Einstellung des Baus. Als er den Hammer erhob, »da entlud sich die Begeisterung seiner Künstlerseele wieder in einer prächtigen Rede«, wie Treitschke schrieb. »Der Geist, der diese Tore baut, ist der Geist deutscher Einigkeit und Kraft«, sprach Friedrich Wilhelm. »Ihm mögen die Kölner Dompforten Tore des herrlichsten Triumphs werden!« Und der König schloß mit den Worten, die an der Südfassade des Doms in eine Bronzetafel eingelassen sind:

Das große Werk verkünde den spätesten Geschlechtern von einem durch die Einigkeit seiner Fürsten und Völker großen, mächtigen, ja, den Frieden der Welt unblutig erzwingenden Deutschland, von einem durch die Herrlichkeit des großen Vaterlandes und durch eigenes Gedeihen glücklichen Preußen, von dem Brudersinn verschiedener Bekenntnisse, der inne geworden, daß sie Eines sind in dem einen göttlichen Haupte. Der Dom von Cöln, das bitte ich von Gott, rage über diese Stadt, rage über Deutschland, über Zeiten, reich an Menschenfrieden, reich an Gottesfrieden bis an das Ende der Tage.

»Mit der Sicherheit des geborenen Redners die Empfindungen seiner rheinischen Hörer richtig herausfühlend«, wie Treitschke meinte, rief Friedrich Wilhelm zum Schluß: »Alaaf Köln!« Und weiter in Treitschkes feuriger Suada:

»Ein unbeschreiblicher Jubel folgte diesen Worten; aufs neue erbrauste der Beifallssturm, als nunmehr der alte Kran droben in Bewegung geriet und der erste Baustein auf den Turm emporschwebte. Auch auf dem Festmahle nachher, das 700 Gäste des Königs unter einem großen Zelte vereinigte, herrschte die helle Freude; alte Männer fielen einander weinend in die Arme und priesen sich glücklich, diesen Tag noch zu erleben, Friedrich Wilhelm selbst überschüttete den aus dem Getümmel herangeholten Sulpiz Boisserée mit dankbarer Huld. Am Abend war die Stadt mit ihren malerischen Türmen festlich beleuchtet – ein unvergeßlicher Anblick für die Tausende, die auf reichbeflaggten Dampfern den Rhein auf und nieder fuhren.«

Noch im September 1842 kam der weltberühmte Klaviervirtuose Franz Liszt, 30 Jahre alt, nach Köln, eigens um ein Konzert zugunsten des Dombaus zu geben; Einnahmen: 2079 Taler. Weniger Aufsehen erregte der Umstand, daß im Oktober der 24jährige Dr. Karl Marx die Chefredaktion der »Rheinischen Zeitung« in Köln übernahm. Im Dezember wurde sogar von den Deutschen in Mexiko ein Dombauverein gegründet.

Und nun wächst in einem Tempo, das die Welt verblüfft, aus der Bauruine der gewaltige Dom hervor. 1843 sind 330 Handwerker, mehr als je im Mittelalter, auf der Riesenbaustelle tätig. Deutschland blickt auf Köln und spendet – nicht nur aus patriotischem Überschwang; auch getragen von einer romantischen Grundstimmung, die in den bizarren Formen der Gotik nicht das statische Meisterwerk würdigt, sondern den Hang zum Mystischen und zum Phantastischen; im Geist des »Klosterfriedhofs im Schnee«, wie Caspar David Friedrich ihn 1819 malte: die Ruine eines gotischen Chors mit überschlanken Fenstern, von deutschen Eichen umstanden.

Auch die junge Schwärmerei für den Rhein, der »Deutschlands Strom, aber nicht Deutschlands Grenze« ist, wie Ernst Moritz Arndt 1843 verkündete, kommt dem Dom zugute. 1816 besang Lord Byron den Drachenfels, 1832 hat die preußische Regierung den Engpaß am Binger Loch sprengen lassen, an dem schon die Römer herumgehackt hatten, und der erste Dampfer fährt von Köln nach Basel.

Für Maler, Studenten, reiche Leute wird es Mode, singend und weinselig unter den alten oder gerade restaurierten Burgen entlangzudampfen. »Rheinreise« heißt der erste Baedeker von 1839, Victor Hugo stimmt 1842 in den Chor der Schwärmer ein. Und im selben Jahr gelingt es dem westfälischen Journalisten und Schriftsteller Levin Schücking, die Rheinromantik ganz direkt in einen Spendenaufruf umzusetzen:

Ein froher Strom! Das Leben jauchzt Gesänge
Und schwingt sein farbig Banner über ihn,
Das Dampfboot flaggt, der Traube Goldgehänge
Spiegelt in Silber sein besonntes Glühn.

Das wallt und zieht rheinauf, rheinab, die Pfade,
Auf Schiff und Kahn und über Brück' und Steg!
Nur einer blickt verlassen am Gestade
Mit düstrem Auge stumm auf euren Weg.

Grau ist sein Kleid, in dem die Winde wühlen,
Zerfetzt von Sturm und Wetter sein Gewand,
Dran wüste Schau'r und Schlossen niederspülen –
O blickt auf ihn, o öffnet eure Hand!

Er flehet stumm – ein herzzerreißend Flehen!
Der Bettler ist ein königlicher Greis.

1844 soll auch das evangelische Ulmer Münster vollendet werden, in erklärtem Wettstreit mit dem katholischen

Dom; sein Turm war 1529 bei 75 Metern (einschließlich des hölzernen Notdachs 104 Metern) stehengeblieben.

1848: Märzrevolution in Deutschland, die Spendenfreudigkeit erlahmt, Dombaumeister Zwirner bereitet die Einstellung der Bauarbeiten vor. Doch der preußische Regierungspräsident gewährt einen Vorschuß zur Rettung der Arbeitsplätze, und Friedrich Wilhelm IV. weist 12 000 Taler aus der Staatskasse an. Auf der Pariser Weltausstellung von 1855 stellt die Dombauhütte einige Werkstücke aus und erhält die goldene Ehrenmedaille.

1859 beginnt der Fortbau des Doms zu Regensburg. Das bayerische Königshaus, das reichlich für Köln gespendet hat, will mit Bayerns größtem Torso nicht zurückstehen.

Im selben Jahr erhält Köln endlich die erste feste Rheinbrücke seit der Römerzeit (nach der Rheinfähre von 1674 am fixen Seil und der auf Pontons schwimmenden Brücke von 1822): Friedrich Wilhelm IV. hat ihren Bau zugunsten der Eisenbahn nach Berlin veranlaßt und dazu die folgenschwere Entscheidung gefällt, sie habe vom rechten Rheinufer genau auf den Dom zu zielen. Dabei hatte schon 1850, als die Pläne bekannt wurden, ein Mitglied des Dombauvereins darauf hingewiesen, daß der Dom damit im Kriegsfall besonders gefährdet werde – wie sich 95 Jahre später erwies.

1860 sind Lang- und Querhaus so weit aufgemauert, daß mit dem Bau des Dachstuhls begonnen werden kann, aus Eisen, zur Verminderung der Brandgefahr und weil Walzeisen billiger ist als Holz. Noch im selben Jahr wird der eiserne Dachreiter auf die Vierung gestellt, Höhe: 48 Meter über dem First, 109 Meter über dem Boden.

1862 macht Dostojewski auf der Reise nach Paris in Köln Station und schreibt, der Dom komme ihm vor »wie ein Galanterie-Gegenstand, der nur aus Spitzen und Spitzen und nichts als Spitzen besteht«; auf der Rückreise aber »hätte ich ihn knieend um Verzeihung bitten mögen, weil ich seine Schönheit beim ersten Mal nicht begriffen hatte«.

1863, nach 21jähriger Bauzeit, sind die gesamten 195 000 Kubikmeter Innenraum vollendet und für den Gottesdienst

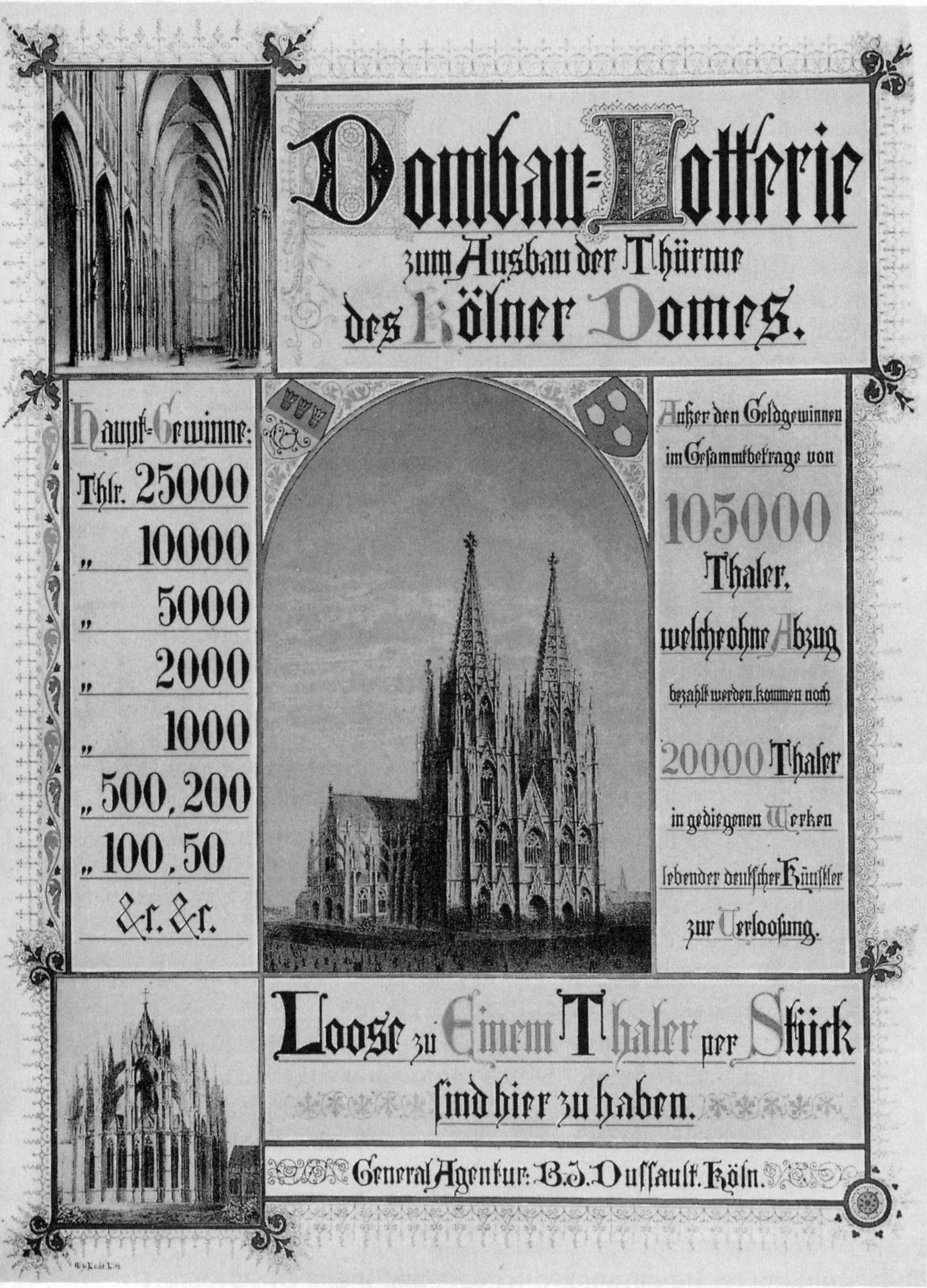

Seit 1864 gibt es in Köln die Dombau-Lotterie. Sie finanzierte fast zwei Drittel der Kosten für die Vollendung.

frei; nach 563 Jahren kann damit auch die Riesenmauer fallen, die den Chor nach Westen abschloß.

Nun, 1864, geht es an die Türme, die die höchsten der Erde werden sollen; sie werden einfach weitergebaut auf den Stümpfen des Mittelalters. Den Türmen hilft die im selben Jahr vom König genehmigte Dombaulotterie – seit 1852 im Dombauverein mehrfach erwogen, aber immer wieder verworfen, da es der Würde des Doms widerspreche, seine Finanzierung auf so »unedle Motive« zu stützen. Aus der Lotterie kommen bald zwei Drittel des Geldes.

Insgesamt verschlingt die Vollendung des Doms 6,6 Millionen Taler. Nach Steinmetz-Löhnen umgerechnet, sind das etwa 2,2 Milliarden Mark in heutigem Geld. Die Doppeltürme der Deutschen Bank in Frankfurt (1980–84), nach umbautem Raum ein gutes Viertel des Kölner Doms, haben exakt ein Fünftel davon gekostet, waren also pro Kubikmeter ein wenig billiger.

1868 nehmen die Kölner, nicht ohne Wehmut, Abschied von ihrem auffallendsten Stück Mittelalter: dem 25 Meter hohen Holzkran auf dem Südturm, der sie fast ein halbes Jahrtausend lang in den Schlaf geknarzt hat; ein Wahrzeichen, wie keine andere Stadt es je besaß. Nun wird es zerlegt.

Am Nordturm zieht ein Jahr später die moderne Technik ein: An seinem Fuß wird ein Kesselhaus errichtet, 21 Meter hoch ragt der eiserne Schornstein; der Dampf steigt durch ein Rohr 48 Meter hoch in den Turm, dort sind die Zylinder installiert. Die tonnenschweren Werkstücke fahren nun endlich mit einer Dampfwinde nach oben.

Kriegsausbruch 1870: Das Bautempo läßt wieder nach, nur um drei Meter wachsen die Türme. Der Dombauverein bittet König Wilhelm I. von Preußen, von den im Krieg gegen Frankreich erbeuteten Kanonen so viele zu stiften, daß daraus die begehrte Glocke mit dem grollend tiefen C gegossen werden kann. Wilhelm, inzwischen deutscher Kaiser, erhört die Bitte und macht 1872 dem Dom 22 Bronzegeschütze zum Geschenk. Der erste Guß mißlingt, der zweite ergibt keinen befriedigenden Ton, die dritte Glocke wird 1878 im Südturm aufgehängt, doch der Klöppel macht Probleme, und ein reiner Klang entfaltet sich nie.

Im Frühjahr 1918 wird die ungeliebte Glocke zerlegt, eingeschmolzen und in Kanonen zurückverwandelt – diesmal in deutsche. Wie gewonnen, so zerronnen.

Vollendung und Überlebenskampf

Als der Kaiser nach Köln kam, um die Vollendung des katholischen Doms mit einem evangelischen Festgottesdienst zu feiern, da war Konrad Adenauer vier Jahre alt und winkte vom Balkon dem Kaiser zu; noch als Greis will Adenauer sich daran erinnert haben.

Zuletzt hatte die ganze Arbeit am Dom den beiden Türmen gegolten, die die höchsten der Erde werden sollten. Bis zu 700 Bauleute krabbelten und werkelten an ihnen. Ein Dampfkran half ihnen dabei; sonst arbeiteten die Steinmetzen wie im 14. Jahrhundert – jedoch mit einer Präzision, die sogar der des Mittelalters überlegen war. Auch heute wäre sie noch erreichbar, aber nur dann, wenn die Kosten keine Rolle spielten.

Für die Turmhelme mußte das größte Holzgerüst errichtet werden, das die Erde je gesehen hat: ein Auslegergerüst, das erst in 65 Metern Höhe aus dem dritten Geschoß der beiden Türme wuchs und mit 2800 Kubikmetern Fichtenholz, verstärkt durch eiserne Zugstangen, auf 160 Meter hinaufgetrieben wurde – ein Meisterwerk der Zimmermannskunst, von Fachleuten aus vielen Ländern studiert wie schon zuvor das Eisengerippe des Dachstuhls über dem Langhaus, der die Maße einer Bahnhofshalle hat. Statt der üblichen Leitern führten Holztreppen mit Handläufen in die schwindelnde Höhe; kein Arbeiter stürzte ab. Unbeschädigt überstand das Gerüst auch den Orkan von 1876, der die Dombauhütte abdeckte und ebenso das Kesselhaus der Dampfmaschine.

Am 19. Juni 1880 wurde der letzte Balken auf die höchste Ebene gezogen. Am 23. Juni war der Nordturm vollendet, am 14. August der Südturm bis auf den Schlußstein der krö-

15. Oktober 1880: In die Kreuzblume des Südturms wird der Schlußstein eingesetzt – nach 632 Jahren ist der Dom vollendet.

nenden Kreuzblume; tags darauf hätte er eingesetzt werden können, am 632. Jahrestag der Grundsteinlegung durch Konrad von Hochstaden.

Doch Kaiser Wilhelm I., schon im Februar vom Dombauverein eingeladen, ließ den Termin verstreichen und setzte das Fest der Domvollendung auf den 15. Oktober an, den Geburtstag seines verstorbenen Bruders Friedrich Wilhelm IV., der in der Tat zur Vollendung des Doms entscheidend beigetragen hat. Das Domkapitel erhielt vom Kaiser die »Aufforderung«, ein Te Deum abzuhalten und die Glocken läuten zu lassen.

Einen Erzbischof hatte Köln ausgerechnet zu dieser Zeit nicht: Der letzte, Paulus Melchers, wurde 1876 vom preußischen Gerichtshof für kirchliche Angelegenheiten abgesetzt, weil er im Jahr zuvor nach Holland geflohen war; dies wiederum aus einem guten Grund, der mit dem *Kulturkampf* zusammenhing: dem Machtkampf, den die preußische Regierung von 1872 bis 1887 gegen die katholische Kirche und ihre politische Stimme im neuen Deutschen Reich, die Zentrumspartei, führte.

Preußen war verbittert über das 1870 verkündete Dogma von der Unfehlbarkeit des Papstes, die deutschen Katholiken sahen sich mit einem Anteil von 36 Prozent in Bismarcks Reich in die Minderheit gedrängt. 1873 erließ der preußische Landtag ein Gesetz, wonach der Staat bei Ausbildung und Anstellung von Geistlichen mitentscheidet; Papst Pius IX. erklärte das Gesetz für ungültig, der Kölner Erzbischof verstieß dagegen, wurde achtmal zu je 200 Talern Geldstrafe verurteilt und gepfändet; der verbleibenden Schulden wegen warfen die Preußen ihn 1874 für sechs Monate in den Kölner »Klingelpütz«.

Das Dombau-Vollendungsfest verlief entsprechend. Nachdem der kaiserliche Sonderzug unter Glockengeläut und Kanonenschüssen in den Hauptbahnhof eingefahren war, besuchten das Kaiserpaar und die meisten deutschen Könige und Fürsten zunächst einen evangelischen Dankgottesdienst in der Trinitatiskirche. Dann erst fuhren sie durch ein Flaggenmeer zum Dom, wo Weihbischof Johann Baudri und sechs Domkapitulare sie kühl begrüßten. Im Dom wurde das Te Deum gesungen. Im Kaiserpavillon auf dem Vorplatz fand anschließend der Festakt statt: Dombaumeister Richard Voigtel verlas die pergamentene Urkunde mit der Geschichte des Dombaus, 58 evangelische und sieben katholische Fürsten und Politiker unterzeichneten sie, aber kein katholischer Geistlicher. Dann wurde sie auf den Südturm gebracht und unter Böllerschüssen in den Schlußstein der Kreuzblume eingemauert.

Nach einer Bauzeit von 350 Jahren mit einer Pause von 282 Jahren dazwischen war Goethes Wunsch von 1816 in Erfüllung gegangen, »dieses leider nur beabsichtigte Weltwunder« vollendet zu sehen.

Tags darauf zog der historische Festzug durch die Innenstadt, den auch der kleine Konrad Adenauer sah. Dem Kaiser gefiel der Zug so gut, daß er eine sofortige Wiederholung anordnete. Am meisten beklatscht wurde eine drei Meter hohe Germania, die einen Siegeskranz über ein Modell des Doms hielt. Deutsche Größe, deutsche Einheit, deutsche Tüchtigkeit – auf diesen Ton waren alle Reden und Zeremonien gestimmt. August Reichensperger, Reichstagsabgeordneter der Zentrumspartei und lange Jahre die treibende Kraft im Dombauverein, schrieb in sein Tagebuch: »Ich bin von Herzen froh, daß ich mich von allem fernhalten konnte. Der Rausch geht vorüber, der Dom bleibt.«

Der Abbau des riesigen Gerüstsystems zog sich bis zum September 1881 hin – und nun erst lag sie frei, die größte und vielleicht großartigste Kirchenfassade der Christenheit: 6952 Quadratmeter gotisch durchgeformten, himmelstürmenden Steins, eine organisierte Orgie von Spitzbogen, Ziergiebeln, Ziertürmen, Maßwerk, Stabwerk, Kriechblumen und Baldachinen. Fast grobschlächtig nimmt sich dagegen die Sichtfront der römischen Peterskirche aus, die zweieinhalbmal so breit wie hoch und dabei um 30 Prozent kleiner als die Kölner ist.

Daß wir die grandiose Westfassade heute über hundert Meter hin total überblicken können, war eine Zutat zur Vollendung des Doms, und zwar eine zweifelhafte. Die meisten gotischen Kathedralen schossen einst aus einem Gewirr von Häusern und Gassen empor wie noch heute das Straßburger Münster, das Städtchen drängte sich warm und eng um sie wie die Küken um die Glucke.

Doch das entsprach nicht mehr dem Geschmack des 19. Jahrhunderts und vor allem nicht der Absicht, aus dem Dom ein Nationaldenkmal zu machen: Ein Monument hat frei auf großem Platz zu stehen. Und so fielen von 1816 bis 1912 zwei Kirchen und 69 Häuser unter der Spitzhacke: die alte Kirche St. Maria ad Gradus, die in der Achse des Langhauses dicht vor dem Chor gestanden hatte, der Marstall, eine romanische Mädchenschule, etliche gut erhaltene gotische und barocke Giebelhäuser, allerlei ärmliche Häuschen und ein Turm der römischen Stadtmauer. Nach 1880 konnten sich aller Ehrgeiz und das Geld aus der immer noch betriebenen Dombaulotterie darauf richten, die letzten Häuser rund um den Dom aufzukaufen und abzureißen – »um das heilige Werk aus der Enge des Alltags loszulösen«, wie ein Zeitgenosse jubelte.

Ein Teil des neuen Freiraums rund um den Dom ließ sich für den Bau einer Terrasse nutzen. Sie wurde 1970 zu einer erhöhten Plattform ausgeweitet; von unten gesehen, umgibt sie den Dom mit einem Kranz häßlicher Stelzen und Brüstungen aus Beton, doch hebt sie ihn aus dem Autoverkehr heraus und ist zu einem beliebten Tummelplatz für Touristen und Bewunderer geworden.

Wie aber stand es mit dem Ehrgeiz, die höchsten Türme der Welt zu errichten, im Geist des Meisters Johannes vom Anfang des 14. Jahrhunderts? Nicht zum besten. Auch nach offizieller Lesart waren die Türme mit ihren 157 Metern nur vier Jahre lang Weltspitze: 1884 wurden sie vom Washington-Denkmal in der amerikanischen Hauptstadt übertroffen, einem 169 Meter hohen Obelisken mit einem Innenfahrstuhl, in dem man seit Erfindung des Tonbands mit vaterländischen Sprüchen und Gesängen berieselt wird.

Die Kölner Chronisten vergessen dabei den Turm des Rathauses von Philadelphia: Er erreichte schon 1876 eine Höhe von 167 Metern, einschließlich der elf Meter hohen Statue des Staatsgründers William Penn. Doch mit welchem Recht sollte man sie ignorieren – da man die acht Meter hohen Kreuzblumen auf den Domtürmen auch mitzählt?

1889 war der Eiffelturm vollendet und blieb mit seinen 300 Metern der einsame Höhensieger für 41 Jahre. 1890 taten die evangelischen Ulmer den katholischen Rheinländern den Tort an, den Turm ihres Münsters auf 162 Meter zu treiben, fast fünf Meter höher als die Kölner Türme – ein Überraschungscoup, der viele Kölner ärgerte. Zwar beriefen sich die Ulmer auf den Originalplan des Matthäus Böblinger aus dem 15. Jahrhundert, doch schrieb noch der Große Meyer, der im selben Jahr erschien und ein Jahr zuvor Redaktionsschluß hatte: »Der Turm wird, nach dem Originalriß ausgeführt, eine Höhe von 151 Metern erreichen.«

Nun waren die halbfertigen gotischen Dome des Mittelalters zu Ende gebaut (in Regensburg schon 1869), eine neugotische Begeisterung zog durchs Abendland: Riesenbauten wie die Nikolaikirche in Hamburg, die mit 147 Metern Höhe von 1874 bis 1876 das höchste Bauwerk der Erde war, oder die 100 Meter hohe Kathedrale von Liverpool, die sogar erst 1904 begonnen und 1978 vollendet wurde; dazu Hunderte von kleineren neugotischen Kirchen in Deutschland, England und den USA, neugotische Rathäuser in München und Wien, neugotische Bahnhofsvorhallen, Postämter und Gerichtsgebäude.

Erstaunlich dabei war, daß der wiederbelebte Stil des hohen Mittelalters zugleich diejenigen Architekten faszinierte, die dem Wolkenkratzer Bahn brachen. Der französische Baumeister und Architekturtheoretiker Eugène Viollet-le-Duc (1814–1879) restaurierte nicht nur Kathedralen, zugleich beschrieb er die Gotik als Ingenieurstil der Zukunft mit ihrem raffiniert durchdachten Steinskelett. Von ihm inspiriert, erfand der amerikanische Ingenieur William Jenney 1883 in Chicago den Stahlskelettbau, bei dem die Wände, wie in der Gotik, nichts zu tragen haben: Mit dem Home Insurance Building baute er, obwohl es nur 52 Meter hoch war, das konstruktive Urbild aller Wolkenkratzer (1921 abgerissen).

Doch nicht nur ihre erwiesene *technische* Tauglichkeit für Türme machte die Gotik zum Modell – sie war auch der einzige vertikale *Stil*, den sich die Erbauer der Wolkenkratzer zum Muster nehmen konnten. Das 241 Meter hohe Woolworth Building von 1913 – für die Zeitgenossen die »Kathedrale des Kommerzes« – ist von gotischen Strebebogen gekrönt. Der 179 Meter hohe Tribune Tower in Chicago (1925) gipfelt in einer Nachbildung des südlichen Turmhelms der Kathedrale von Rouen; und die 412 Meter hohen Doppeltürme des World Trade Center in New York (1973) haben eine durchgehend senkrechte Schraffur, die an das Stabwerk der Kölner Türme erinnert.

Im Dom wurde noch lange weitergebaut nach dem Fest der Vollendung: Längst waren noch nicht alle Fenster verglast, alle Fußböden verlegt, alle Kirchenbänke geschnitzt. 1902 aber, kurz vor seinem Tod, verkündete Dombaumeister Voigtel, nun sei der Dom endgültig fertig und auf hundert Jahre würden keine größeren Arbeiten an ihm nötig sein. In der Tat zeigte sich der Koloß ein paar Jahre lang so, wie er die längste Zeit *nicht* aussah: ohne Provisorien und Gerüste.

Doch schon 1906 stürzte, genau vor dem Hauptportal, zum erstenmal wieder ein schwerer Brocken in die Tiefe – wie einst zu Schinkels Zeit und wie seither immer wieder. (Von den 24 großen Ziertürmen, die 1880 die Helme der Riesentürme umstanden, sind bis heute 14 abgestürzt, und zwar überwiegend *nicht* im Zweiten Weltkrieg.) 1907 wurde die Dombauhütte zum drittenmal in Betrieb genommen, nach 1248 und 1823.

Kardinal Joseph Frings, 1942 bis 1969 Erzbischof von Köln. In seiner Silvesterpredigt von 1946 erlaubte er das Kohlenklauen.

1917 wurde der Zentrumspolitiker Konrad Adenauer, 41 Jahre alt, Oberbürgermeister von Köln und blieb es, bis die Nazis ihn 1933 aus dem Amt jagten. Mit dem Zusammenbruch des Kaiserreichs verstärkte sich der ohnehin verbreitete Widerwille gegen den Dom, weil er unstreitig als Monument preußischen Geltungsdrangs und deutscher Größe vollendet worden war; noch Heinrich Böll sprach ja verächtlich vom »Hohenzollerngebilde« und schrieb 1978 das satirische Gedicht »Die Türme des Kölner Doms werden nun doch abgetragen . . .« 1921 wurde die Dombaulotterie wieder aufgenommen, um den ständigen Kampf gegen den Verfall zu finanzieren, vor allem am Strebewerk des Chors aus dem 13. Jahrhundert, dessen Erneuerung bis 1940 weiterging.

Als der Zweite Weltkrieg ausbrach, beeilte sich das Domkapitel, den Domschatz auszulagern. 1941 wurden außerdem die Fenster des Langhauses und des Chors ausgebaut – zunächst die mittelalterlichen, dann auch die aus dem 19. Jahrhundert –, in mehr als 300 Kisten verpackt und in einem Bunker an der Südseite des Chors eingelagert.

Am 1. Mai 1942 ernannte Papst Pius XII. Dr. Joseph Frings zum Erzbischof von Köln, den Regens des Kölner Priesterseminars. Der Presse wurde verboten, über die Bischofsweihe zu berichten, zu der sich ausnahmsweise so viele Gläubige im Dom versammelt hatten, wie er faßt: 20 000. Doch gelang es einem listigen Menschen, die Nachricht von der Weihe in Form einer Kleinanzeige in die Zeitung zu mogeln: »Handtasche *bei der Bischofsweihe* in Köln verloren, mit dem Bild meines Bräutigams.«

Kurz darauf, am 31. Mai 1942, flogen 1046 englische Bomber den bis dahin größten Luftangriff der Kriegsgeschichte, und ihr Ziel war Köln. Im Dom konnten 42 Brandstellen gelöscht werden, aber die Dombauhütte brannte ab. Das waren nur die Vorläufer jenes Bombenhagels, der den Koloß an den Rand der Katastrophe brachte.

Von Februar 1943 bis März 1945 wurde er von 14 Sprengbomben getroffen. Aus dem Nordturm rissen sie 80 Kubik-

Köln 1945: die Altstadt plattgewalzt, der Dom schwer beschädigt, doch nicht von Einsturz bedroht.

meter Stein, an drei Stellen zertrümmerten sie das tragende Strebewerk, neun der insgesamt 22 Gewölbejoche brachten sie zum Einsturz, in die Südfront rissen sie ein Loch, das 25 Meter hohe Westfenster zerstörten sie. Dutzende von Ziertürmen stürzten ab, Hunderte von Kreuzblumen wurden zerschmettert, bei den meisten Fenstern das Maßwerk herausgerissen oder eingedrückt, acht der neun Portale schwer beschädigt, alle Bleiplatten des riesigen Dachs zerrissen, verbogen, verschoben.

Daraus folgt die große Frage, die nach dem Krieg immer nur leise gestellt und vage beantwortet worden ist: Wollten die Engländer den Dom zerstören und schafften es nicht? Oder wollten sie ihn nicht zerstören – und schafften das auch nicht? Und falls sie ihn nicht zerstören wollten: Geschah das aus humanitärer Gesinnung oder um den Bombern diesen unübersehbaren Orientierungspunkt zu erhalten?

Eine ziemlich schlüssige Antwort ergibt sich aus der Zielgenauigkeit der Piloten, wie der angesehene englische Militärhistoriker Basil Liddel Hart sie in seiner Geschichte des Zweiten Weltkriegs darstellt: Sie war so miserabel, daß ein Befehl, den Dom zu treffen, ebenso wirkungslos gewesen wäre wie der Befehl, ihn zu verschonen. Churchill und sein Luftmarschall Harris müssen also die Zerstörung des deutschen Weltwunders in Kauf genommen haben.

1941, schreibt Liddel Hart, lagen die britischen Bomben im Durchschnitt um acht Kilometer neben ihrem Ziel. Da blieb der Royal Air Force nichts anderes übrig, als sich nur Objekte auszusuchen, die man auch dann noch traf, wenn man acht Kilometer daneben lag – also Großstädte. Diese militärische Not verband sich laut Liddel Hart mit dem instinktiven Wunsch der Engländer, nach Hitlers »Blitz« auf London und Coventry »zurückzuschlagen, und zwar wahllos«. Die Terrorisierung der Zivilisten wurde zur offiziellen Politik, mit der Schutzbehauptung, dadurch werde man die Moral der Industriearbeiter aushöhlen. In Wahrheit habe sich rasch erwiesen, daß die Bombenteppiche auf deutsche

Städte wohl die englische Moral stärkten, aber die deutsche nicht schwächten. Die deutsche Rüstungsindustrie erreichte ihre Rekordproduktion im Sommer 1944.

Bei Kriegsende war die durchschnittliche Zielabweichung der britischen Bomber auf 260 Meter gesunken; das ist immer noch mehr, als der Kölner Dom lang ist, mehr auch als seine Entfernung von der Hohenzollernbrücke, der verkehrsreichsten Eisenbahnbrücke der Erde, auf die nie eine Bombe fiel. Hätte der Dom wirksam geschützt werden sollen, so hätte die Weisung an die Piloten lauten müssen: Keine Bombe in 500 Metern Umkreis (denn die Abweichung um 260 Meter war ja nur der Durchschnitt). Rings um den Dom aber stand 1945 kein Gebäude mehr, die Altstadt war zu 90 Prozent zerstört. Daß er nicht zusammenkrachte, war folglich nicht Churchills Verdienst, sondern das der gotischen Baumeister und Werkleute und dazu ein Quantum Glück.

Auch Pioniere der Wehrmacht trugen dazu bei: Als am 3. November 1943 eine britische Bombe das riesige Loch in den Eckpfeiler des Nordturms gerissen hatte, von 10 Meter bis 20 Meter über dem Boden, da legten sie eine »Plombe« aus 20 000 Ziegelsteinen an. »Gute Arbeit«, sagt der heutige Dombaumeister. Die Plombe darf also bleiben, als kleines Denkmal in dem großen.

Im März 1944 prangert Erzbischof Frings von der Kanzel herab die Judenverfolgung als »himmelschreiendes Unrecht« an. Im Januar 1945 werden die Gottesdienste, die seit 1943 noch in der Sakristei stattfanden, in die Schatzkammer verlegt; im Dom liegen Schutt und Scherben meterhoch. Fünf Steinmetzen als Feuerwache sind die einzigen Männer, die sich noch um ihn kümmern können.

Am 2. März 1945 geht auf Köln noch einmal ein gewaltiger Bombenhagel nieder, im Dom stürzen drei Gewölbefelder ein. Deutsche Soldaten sprengen den Hauptbahnhof und die Hohenzollernbrücke, durch die Erschütterungen donnern viele der durch Bomben beschädigten Bauteile in die Tiefe.

Zwei Tage später ziehen die Amerikaner ein. Am 11. März hält ein amerikanischer Feldgeistlicher in der schuttbedeckten Schatzkammer einen Gottesdienst. Am 15. März schießt deutsche Artillerie vom rechten Rheinufer auf Köln und trifft den Chor mit 19 Granaten. Am 13. April beginnen Kölner Schüler, den Schutt abzufahren und den Dom aufzuräumen. Er hat standgehalten, aber sein Anblick ist fürchterlich.

Und die Zerstörung geht noch weiter: Die von den Deutschen gesprengte Hohenzollernbrücke versperrt den Rhein, im August und September 1945 sprengt die inzwischen englische Besatzungsmacht die Trümmer. Der Luftdruck bringt ein weiteres Gewölbe zum Einsturz, drückt noch mehr Maßwerk ein und bläst noch mehr Türmchen um. Der britische Kunstschutzoffizier Michael Ross verfolgt die Wirkung der Sprengungen von der Aussichtsplattform auf dem Südturm aus und erreicht, daß kleinere Sprengladungen verwendet werden.

1946: Erzbischof Frings wird zum Kardinal ernannt. Mit seiner Silvesterpredigt macht er sich zum populärsten Mann in Deutschland. Rügt er jene Tausende von Kölnern, die in den letzten Monaten nachts die Bahndämme stürmten, um von den vorbeirollenden Güterzügen Kohlen und Kartoffeln zu klauen? Nein, er verschafft ihnen ein gutes Gewissen: »Wir leben in Zeiten«, spricht er von der Kanzel, »wo in der Not der einzelne sich das wird nehmen dürfen, was er zur Erhaltung seines Lebens und seiner Gesundheit notwendig hat, wenn er es auf andere Weise, durch seine Arbeit oder durch Bitten, nicht erlangen kann.« *Fringsen* heißt das nun, was auf den Gleisen geschieht, und den Kardinal nennen die Kölner teils »unser Frings« und teils »et Jüppsche«.

Ganz so populär in Köln wurde Konrad Adenauer nie. Die beiden großen Landsleute waren einander ähnlich an Mutterwitz, Verschlagenheit und herrscherlicher Pose, aber in seinen vierbändigen Memoiren fand Adenauer für die sechs Buchstaben »Frings« nicht *ein*mal Platz. 1967, fast

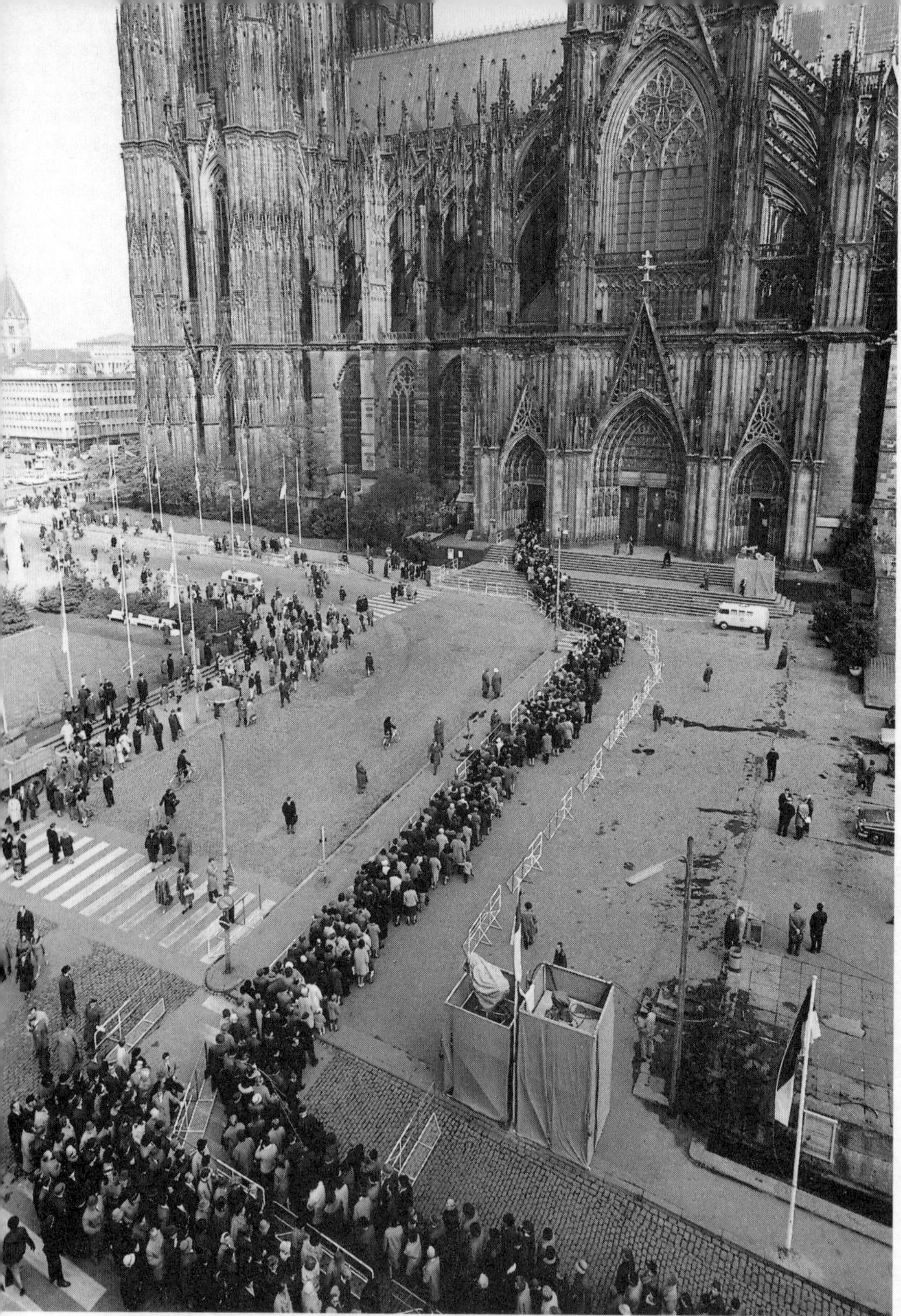

1967: Die Kölner nehmen Abschied von Konrad Adenauer, der einst ihr Oberbürgermeister war. Kardinal Frings hielt die Totenpredigt.

erblindet auf die Kanzel geführt, hielt der 80jährige Kardinal die Totenpredigt auf Adenauer, der mit 91 Jahren gestorben war. Im Dom saßen die Präsidenten Lyndon Johnson, Charles de Gaulle und Heinrich Lübke, die Bundeskanzler Kiesinger aus Bonn und Klaus aus Wien, zwölf Ministerpräsidenten, achtzehn Außenminister und David Ben Gurion, Israels erster Regierungschef, der mit Adenauer die Aussöhnung zwischen Juden und Deutschen eingeleitet hatte. Frings starb 1978, auch er mit 91 Jahren; in der Bischofsgruft unter dem Chor ist er bestattet.

1948 aber, die Kölner Altstadt war noch immer ein Ruinenfeld, hatte der Kardinal Kühn zum Fest des 700. Jahrestages der Grundsteinlegung aufgerufen. Der Dom war von zuletzt 260 Werkleuten notdürftig repariert, der Chor benutzbar, erst 1956 der gesamte Innenraum wiederhergestellt. Doch gegen die Kriegsschäden arbeitet die Dombauhütte bis heute an, und den Bauzustand von 1939 hat sie noch nicht wieder erreicht – während gleichzeitig der Verfall sich beschleunigt.

Wäre die Verwitterung nicht, der Dom könnte Jahrtausende stehen: Er ist nicht auf unsicheren Grund gebaut wie der Schiefe Turm von Pisa, nicht in leichtsinniger Statik aufgeführt wie die eingestürzten Türme von Stralsund und Beauvais, nicht aus Beton zusammengepfuscht wie die Kongreßhalle im Berliner Tiergarten, die 1980 nach nur 26 Jahren zusammenfiel.

Aber Regen, Sonne, Wind und Frost machen *allem* Stein zu schaffen, die Alpen werden so seit Jahrmillionen, Ägyptens Pyramiden seit Jahrtausenden demontiert; Flechten, Pilze, Bakterien, Taubendreck tun das Ihre dazu. Auch ohne Luftverschmutzung also wäre der Koloß von Köln nach 741 Jahren dem allmählichen Verfall ausgeliefert. Schon 1434 riß ein Orkan einen zwölf Meter hohen Zierturm von der Dachgalerie des Chors, er durchschlug das Gewölbe und krachte dicht neben den Dreikönigsschrein.

Doch die natürliche Verwitterung verschlimmert der Mensch durch seine Giftgasproduktion. Jede Verbrennung

Hundert Jahre Kölner Luft haben genügt, um diesen lebensgroßen Engel zu entstellen, der 1880 über dem Petersportal angebracht wurde.

– von Kohle, Öl, Gas, Holz – erzeugt Schwefeldioxyd, das sich mit Regenwasser zu Schwefelsäure verbindet. Sie verwandelt den Kalk-Anteil des Steins in Gips, der wiederum vom nächsten Regen ausgewaschen wird und rieselnden Sand zurückläßt.

Das begann schon im Mittelalter mit den vielen tausend Feuerstellen der großen Stadt Köln; es verschlimmerte sich mit den Dampflokomotiven, die hundert Jahre lang nur 200 Meter am Dom vorbeiqualmten; seit vierzig Jahren beschleunigt es sich dramatisch. Und dabei ergeht es dem Stein schlechter als dem Menschen.

Lebewesen aktivieren ja Gegenkräfte, sie können auch wieder völlig gesunden, wenn die Giftzufuhr aufhört. Stein aber leidet passiv und heilt nie. Selbst kleine Schadstoffmengen, die beim Menschen noch als harmlos eingestuft werden, können sich beim Stein zur Zerstörung addieren, zumal da das Gift Jahrhunderte Zeit hat, länger als es je auf einen Menschen einwirken kann.

»Die Tendenz, auf Dauer eine bestimmte, als ungefährlich angesehene Grundbelastung hinzunehmen, ist im Blick auf die Lebewesen zwar durchaus folgerichtig«, schreibt Dombaumeister Wolff, »für die Materialien aber und damit für die Kulturgüter der direkte Weg in den endgültigen Untergang.« Der Kölner Dom könne nicht mit einem »Grenzwert« leben, sondern eigentlich nur mit der Belastung Null durch totale Entschwefelung der Abgase – indem man zum Beispiel »den Vorgang der Umwandlung von Kalk in Gips, der unsere Baudenkmäler zerstört, in die Kraftwerke vorverlegt«.

Bis dahin muß der Stein konserviert werden, wenn er noch unbeschädigt ist, durch Schutzmittel meist auf der Basis von Silikonharzen, die das Regenwasser abgleiten lassen. 44 solcher Substanzen wurden für den Dom erprobt. An ihrer Entwicklung und Vervollkommnung hat sich das Bundesforschungsministerium seit 1983 mit fast 100 Millionen Mark beteiligt. Doch für allen Stein, der schon angefressen ist, kommen solche Mittel zu spät. Hier hilft nur der

Austausch – und der ist mühsam, teuer und noch dazu für jeden Denkmalpfleger schmerzlich; denn allmählich, schreibt der Dombaumeister, verwandelt er das Baudenkmal in eine bloße Mitteilung, »daß hier einmal ein Werk gestanden hat, das optisch etwa diesen Eindruck gemacht haben dürfte«.

Beim Austausch beschädigter Skulpturen und Ornamente kann die Dombauhütte in dem Tempo vorgehen, das ihre Mittel zulassen. Doch hat der Steinfraß ja auch die Bausubstanz befallen, und wenn nur ein Strebebogen bricht, ist die Statik insgesamt bedroht.

Unglücklicherweise wurde der Torso des Kirchenschiffs seit 1842 überwiegend aus einem grobkörnigen Sandstein aus Schlaitdorf bei Stuttgart aufgestockt, der besonders rasch verwittert und stellenweise schon mehr als zehn Zentimeter tief abgefressen worden ist. Hier herrscht also Eile; Stück um Stück werden die Strebebogen durch Basaltlava aus Hessen ersetzt, die sich als besonders verwitterungsfest erwiesen hat.

Der Dombauhütte standen 1990 rund 12,3 Millionen Mark zur Verfügung. Davon brachten auf: 7,3 Millionen der Zentraldombauverein aus Spenden, Erträgen seines Vermögens, Anteilen am „Spiel 77“ und der Dombaulotterie; 2,7 Millionen das Erzbistum Köln (Bilanzsumme: rund eine Milliarde); den Rest das Land Nordrhein-Westfalen, die Stadt Köln und die Domkollekte. 12,3 Millionen, das sind 16 Pfennig pro Bundesbürger.

Wenn sie sich zu 20 Pfennig aufraffen könnten, wäre ihrem populärsten Bauwerk sehr geholfen – diesem Monument der Sehnsucht, des Glaubens, der Prahlerei und des totalen Sieges über die Materie; diesem Mirakel der Statik, für die Ewigkeit gebaut; diesem Dinosaurier, der zäher ist als der Zahn der Zeit. »Wenn der Dom fertig ist, geht die Welt unter«, sagen die Kölner. Falls das stimmt, wird sie noch lange leben.

Zeittafel

Jahr	Köln und der Dom	Kirchenbau und Religion	Zeitgeschichte
1095		Papst Urban II. ruft zum Kreuzzug auf	
1099			Die Kreuzritter erobern Jerusalem
1119			Universität Bologna gegründet
1140		Grundstein zur Kathedrale von SAINT-DENIS gelegt – erster gotischer Kirchenbau	
1140 bis 1190		Die Epoche der Frühgotik	
1149			Der 2. Kreuzzug scheitert vor Damaskus
1155			Friedrich Barbarossa wird in Rom zum Kaiser gekrönt
1157	König Heinrich II. von England gewährt den kölnischen Kaufleuten in London Schutz und Privilegien		Albrecht der Bär gründet die Mark Brandenburg
1158			Heinrich der Löwe gründet München
1159			Heinrich der Löwe gründet Lübeck
1159 bis 1167	Rainald von Dassel Erzbischoff von Köln		
1160		Südturm der Kathedrale von CHARTRES vollendet: 105 m, höchster Turm der Erde seit dem Leuchtturm von Alexandria (279 v. Chr.) bis 1284	

Jahr	Köln und der Dom	Kirchenbau und Religion	Zeitgeschichte
1163		Notre Dame von PARIS begonnen	
1164	Rainald von Dassel bringt Gebeine nach Köln, die als die Reliquien der Heiligen Drei Könige verehrt werden		
1179		3. Laterankonzil: Christen wird das Geldverleihen gegen Zinsen verboten	
1180	Köln beginnt mit dem Bau seiner gewaltigen Stadtbefestigung Das Herzogtum Westfalen fällt an das Erzstift Köln		
1184		Papst Lucius III. führt den Inquisitionsprozeß ein	
1187			Sultan Saladin erobert Jerusalem zurück
1189			Friedrich Barbarossa bricht zum 3. Kreuzzug auf
1190 bis 1350		Die Epoche der Hochgotik	
1194		Kathedrale von CHARTRES mit Ausnahme der Westfassade abgebrannt; Beginn des gotischen Neubaus	
1195		Kathedrale von BOURGES begonnen	
1202		Kathedrale von ROUEN begonnen	
1202 bis 1204			4. Kreuzzug

Jahr	Köln und der Dom	Kirchenbau und Religion	Zeitgeschichte
1211	Kathedrale von REIMS begonnen		
1212		Tausende von Kindern aus Köln und Frankreich brechen zum Kinderkreuzzug auf	
1218		Kathedrale von AMIENS begonnen	
1220		Kathedrale von SALISBURY begonnen	
1225	Erzbischof Engelbert von Köln plant den Neubau eines Domes und wird kurz darauf von seinem Neffen ermordet	Kathedrale von BEAUVAIS begonnen	
1227			Tschingis Khan gestorben
1229			Friedrich II. erwirbt Jerusalem durch Verhandlungen zurück und krönt sich zum König von Jerusalem (5. Kreuzzug)
1238 bis 1261	Konrad von Hochstaden Erzbischof von Köln		
1239			Der Islam erobert Jerusalem zum zweitenmal zurück
1240			Jerusalem zum drittenmal unter christlicher Herrschaft
1241			Die Mongolen siegen bei Liegnitz über Deutsche und Polen und verwüsten Schlesien
1244			Der Islam erobert Jerusalem zum drittenmal und endgültig zurück (bis 1917)

Jahr	Köln und der Dom	Kirchenbau und Religion	Zeitgeschichte
1243		Kathedrale von WESTMINSTER begonnen	
1247		Mittelschiff der Kathedrale von BEAUVAIS eingestürzt	
1248	Erzbischof Konrad von Hochstaden krönt Wilhelm von Holland zum deutschen Gegenkönig und legt den Grundstein zum Kölner Dom Albertus Magnus zieht von Paris nach Köln		
1248 bis 1254			6. Kreuzzug
1252		Papst Innozenz IV. erlaubt die Anwendung der Folter beim Inquisitionsprozeß	
1255			Königsberg gegründet
1259	Konrad von Hochstaden verleiht der Stadt das Stapelrecht		
1265	Die Kölner Erzbischöfe verlegen ihren Wohnsitz nach Bonn (bis 1794)		
1268			Konradin, der letzte Staufer, wird enthauptet
1273			Rudolf I., der erste Habsburger auf dem Königsthron
1280	Albertus Magnus stirbt in Köln		
1281			Kaufleute aus Köln, Lübeck und anderen Hansestädten eröffnen in London das Hanse-Kontor (bis 1598)

Jahr	Köln und der Dom	Kirchenbau und Religion	Zeitgeschichte
1284		Der 111 m hohe Glockenturm des Doms von CREMONA ist fertig – höchster Turm der Erde bis 1320 Mittelschiff der Kathedrale von BEAUVAIS zum zweitenmal eingestürzt	
1288	Die Bürger besiegen den Erzbischof entscheidend in der Schlacht bei Worringen		
1291			Die letzten Kreuzritter räumen Palästina Uri, Schwyz und Unterwalden gründen die Eidgenossenschaft
1295			Marco Polo kehrt aus China nach Venedig zurück
1296		Dom von FLORENZ begonnen	
1300	Meister Johannes beginnt mit dem Bau der größten Kirchenfassade der Erde		
1304		Stephansdom in WIEN begonnen	
1307 bis 1321			Dante schreibt die »Göttliche Komödie«
1308			Der Deutsche Orden erobert Danzig
1309 bis 1376		Die Päpste residieren in Avignon	
1311		Turm der Kathedrale von LINCOLN vollendet – höchster Turm der Erde bis 1547 (160 m)	

Jahr	Köln und der Dom	Kirchenbau und Religion	Zeitgeschichte
1322	Erzbischof Heinrich von Virneburg weiht Chor und Hochaltar des Doms		
1330		Turm des Münsters zu FREIBURG vollendet, 116 m hoch	
1338 bis 1453			Hundertjähriger Krieg zwischen Frankreich und England
1343		Marienkirche in DANZIG begonnen	
1348/49			Die große Pest in Europa
1350 bis 1500		Die Epoche der Spätgotik	
1351		Die Doppeltürme der Marienkirche von LÜBECK erreichen 125 m	
1352		Kathedrale von ANTWERPEN begonnen	
1377		Münster von ULM begonnen	
1382		Der Turm der Marienkirche in STRALSUND stürzt ein und zerschlägt das Langhaus	
1386		Dom von MAILAND begonnen	
1388	Köln gründet die erste deutsche Stadtuniversität		
1402		Kathedrale von SEVILLA begonnen	
1410	Der Bau des Südturms wird in 58 m Höhe abgebrochen. Der hölzerne Kran auf dem Südturm, 25 m hoch, bleibt bis 1868 Kölns Wahrzeichen		

Jahr	Köln und der Dom	Kirchenbau und Religion	Zeitgeschichte
1415		Jan Hus stirbt als Ketzer auf dem Scheiterhaufen	
1420 bis 1434			Die Hussiten verheeren Bayern, Sachsen, Brandenburg und Schlesien
1431			Jeanne d'Arc, die Jungfrau von Orléans, stirbt als Ketzerin auf dem Scheiterhaufen
1433		Der Turm des Stephansdoms zu Wien ist vollendet: 137 m hoch	
1439		Der Turm des Münsters zu STRASSBURG ist vollendet: 142 m hoch, höchster Turm der Erde von 1822 bis 1874	
1448	Im 58 m hohen Stumpf des Südturms des Doms wird die 11 Tonnen schwere Glocke Pretiosa aufgehängt, die größte der Christenheit		
1453			Die Türken erobern Konstantinopel. Der Landweg in den Orient ist versperrt, der Niedergang der Handelsstädte Venedig – Augsburg – Köln damit eingeleitet
1456		Die erste Gutenberg-Bibel	
1468		Frauenkirche in MÜNCHEN begonnen	
1475	Kaiser Friedrich III. erhebt Köln zur freien Reichsstadt		

Jahr	Köln und der Dom	Kirchenbau und Religion	Zeitgeschichte
1477		Turm der Martinskirche in LANDSHUT vollendet: 131 m, bis heute der höchste Backsteinbau der Erde	
1478		Turm der Marienkirche in STRALSUND vollendet: 151 m, höchster Turm der Erde von 1547 bis 1569 und von 1573 bis 1647 (abgebrannt)	
1484		Papst Innozenz VIII. eröffnet die große Zeit der Hexenprozesse	
1492			Kolumbus behauptet, in »Indien« gelandet zu sein (worunter er das versteht, was wir heute Japan nennen; es war Amerika)
1494			Vertrag von Tordesillas: Spanien und Portugal teilen sich die Erde
1495			Reichstag zu Worms: Kaiser Maximilian I. verkündet den ewigen Landfrieden
1498		Savonarola wird als Ketzer verbrannt	Vasco da Gama findet den Seeweg nach Indien
1506		Papst Julius II. legt den Grundstein zur Peterskirche in ROM	
1517		Martin Luther schlägt seine 95 Thesen an die Schloßkirche zu Wittenberg	
1519			Karl V. besteigt den Thron: Das Heilige Römische Reich Deutscher Nation wird mit Burgund, Spanien und den spanischen Kolonien vereinigt

Jahr	Köln und der Dom	Kirchenbau und Religion	Zeitgeschichte
1521		Edikt von Worms: Luther wird in Acht und Bann erklärt	
1522			Das letzte Schiff des Magalhaes landet in Sevilla und hat bewiesen, daß die Erde eine Kugel ist
1523		Unter dem Einfluß Ulrich Zwinglis führt die Stadt ZÜRICH die Reformation ein	
1524/25			Bauernkrieg
1525		Die Arbeit am Dom zu REGENSBURG wird eingestellt	
1529		Die Arbeit am Münster zu ULM wird eingestellt	
1533		Johann Calvin tritt zu den Protestanten über	
1534		Luther hat die Übersetzung der Bibel beendet	
1542	Erzbischof Hermann V. Graf v. Wied läßt in Bonn Luthers Lehre vortragen und wird 1546 dafür abgesetzt		
1543			Kopernikus veröffentlicht seine These, daß die Erde sich um die Sonne dreht
1544		Die Kathedrale von ROUEN bekommt einen hölzernen Vierungsturm von 150 m Höhe – höchstes Bauwerk der Erde von 1647 bis 1822	
1545 bis 1563		Das Konzil von Trient stärkt die Stellung des Papstes und besiegelt die Glaubensspaltung	
1546		Luther gestorben	

Jahr	Köln und der Dom	Kirchenbau und Religion	Zeitgeschichte
1547		Turm der Kathedrale von LINCOLN eingestürzt	
1550		Giorgio Vasari belegt den Baustil der west- und mittel-europäischen Dome des 12. bis 15. Jahrhunderts mit dem Schimpfwort »gotisch«	
1555		Augsburger Religionsfrieden: Über die Konfession bestimmt der Landesherr	
1560	Nach 312jähriger Bauzeit wird der Bau des Doms auf 282 Jahre unterbrochen		
1562 bis 1704		Hugenottenkriege: die Kriege der französischen Krone gegen Calivinisten und Lutheraner	
1564		Calvin gestorben	
1569		Die Kathedrale von BEAUVAIS bekommt einen Turm von 153 m Höhe – den höchsten der Erde bis 1573	
1572		Katharina von Medici, die Mutter des französischen Königs, läßt die in Paris versammelten Hugenotten niedermetzeln (»Bartholomäusnacht«, »Pariser Bluthochzeit«)	
1573		Turm der Kathedrale von BEAUVAIS eingestürzt	
1575	Die Protestanten werden aus Köln vertrieben		

Jahr	Köln und der Dom	Kirchenbau und Religion	Zeitgeschichte
1582 bis 1584	Kölnischer Krieg: Erzbischof Gebhard von Waldburg tritt zum Protestantismus über, heiratet, wird vom Papst exkommuniziert und von kaiserlichen, bayerischen und spanischen Truppen vertrieben		
1587			Maria Stuart hingerichtet
1590		Kuppel der Peterskirche in ROM vollendet: Außenhöhe 136 m	
1598		Edikt von Nantes: Den französischen Hugenotten wird Religionsfreiheit gewährt	Hanse-Kontor in London geschlossen
1616		Papst Paul V. verbietet die Lehre des Kopernikus	
1618 bis 1648			Dreißigjähriger Krieg
1622		Papst Gregor XV. gründet die Sacra Congregatio de Propaganda Fide zum Kampf gegen das Luthertum	
1647		Turm der Marienkirche in STRALSUND abgebrannt. Höchster Turm der Erde ist nun der Vierungsturm auf der Kathedrale von ROUEN: 150 m, erbaut 1544, abgebrannt 1822	
1665/66	10 000 Kölner sterben an der Pest		

Jahr	Köln und der Dom	Kirchenbau und Religion	Zeitgeschichte
1674	Köln bekommt eine beweglich verankerte Rhein-Fähre		
1685		Edikt von Fontainebleau: Die den französischen Hugenotten 1598 gewährte Religionsfreiheit wird wieder aufgehoben	
1744 bis 1770	Der Torso des Kölner Doms wird innen im Barockstil restauriert und durchweg weiß gestrichen		
1772		Der 23jährige Goethe ist überwältigt vom Straßburger Münster und leitet die neue Hinwendung zur Gotik ein	
1775		In Kempten wird zum letzten Mal in Deutschland eine Hexe hingerichtet	
1781		Die spanische Inquisition vollstreckt das letzte Todesurteil	
1789			Französische Revolution
1790	Georg Forster singt eine Hymne auf den Chor des Doms		
1794	Französische Revolutionstruppen besetzen Köln und Bonn. Erzbischof Max Franz flieht nach Münster. Köln hat 44 000 Einwohner	Robespierre hingerichtet	
1796	Die Franzosen verbieten den Gottesdienst im Dom. Er wird als Kornspeicher verwendet		

Jahr	Köln und der Dom	Kirchenbau und Religion	Zeitgeschichte
1797	Die Franzosen quartieren im Dom mehrere tausend österreichische Kriegsgefangene ein. Die Protestanten erhalten das Bürgerrecht		
1798	Die Universität wird geschlossen. Juden dürfen sich wieder in Köln ansiedeln		
1801	Das Erzbistum Köln wird aufgelöst. Seine linksrheinischen Teile mit der Stadt Köln fallen an Frankreich. Napoleon macht den Dom zur Pfarrkirche, der Gottesdienst wird wieder aufgenommen		
1802	Die Protestanten erhalten das Recht der freien Religionsausübung		
1804			Napoleon krönt sich zum Kaiser
1806	16 westdeutsche Fürsten, darunter der Kurfürst von Köln, treten aus dem Deutschen Reich aus und bilden den Rheinbund unter dem Protektorat Napoleons		
1808	Der 25jährige Kölner Kunstsammler Sulpiz Boisserée beginnt für die Vollendung des Doms zu werben		
1814	In Darmstadt wird ein Teil des Pergamentplans von 1300 für die Turmfassade gefunden		

Jahr	Köln und der Dom	Kirchenbau und Religion	Zeitgeschichte
1815	Köln fällt an die Preußen Goethe besucht Köln und empfiehlt in einer Denkschrift an den preußischen Innenminister, den Dom zu restaurieren		Napoleon nach St. Helena verbannt
1816	James Watt legt mit einem Dampfschiff in Köln an 49 000 Einwohner		
1821	Preußen stellt das Erzbistum Köln wieder her. Der Dom wird wieder Bischofskirche. 55 000 Einwohner		
1822	Köln bekommt eine schwimmende Rheinbrücke (bis 1913 in Betrieb)		
1823	Nach 263 Jahren wird die Dombauhütte wieder hergestellt. Am Chor beginnt die Restaurierung		
1824	Goethe nennt den Kölner Dom »das tüchtigste, großartigste Werk, das vielleicht je auf Erden gegründet worden«		
1826	Die Kölner Handelskammer gründet die Preußisch-Rheinische Dampfschiffahrtsgesellschaft		
1831		Victor Hugo macht mit seinem Roman »Der Glöckner von Nôtre-Dame« in Frankreich die mittelalterliche Gotik wieder populär	

Jahr	Köln und der Dom	Kirchenbau und Religion	Zeitgeschichte
1832 bis 1834			Die preußische Regierung sprengt die gefährlichsten Felsen im Binger Loch und macht damit den Rhein schiffbar von Schaffhausen bis Rotterdam
1833	Der Protestant Ernst Friedrich Zwirner wird Dombaumeister		
1837	Die preußische Regierung setzt den Erzbischof Freiherr v. Droste zu Vischering auf der Festung Minden gefangen		
1840		Durchbruch der Neugotik: Baugebinn am Londoner House of Parliament	Friedrich Wilhelm IV. wird König von Preußen
1841	Zentral-Dombauverein gegründet. Er trägt die Hälfte der Kosten des Weiterbaus, die andere Hälfte das Königreich Preußen. Eisenbahnstrecke Köln–Aachen eröffnet		
1842	Der Bau des Doms wird nach 282 Jahren wieder aufgenommen		
1842/43			Der 24jährige Dr. Karl Marx ist Chefredakteur der »Rheinischen Zeitung« in Köln
1844 bis 1890		Münster von ULM vollendet	
1848			Märzrevolution in Deutschland. Nationalversammlung in der Frankfurter Paulskirche. Marx und Engels veröffentlichen ihr »Kommunistisches Manifest«

Jahr	Köln und der Dom	Kirchenbau und Religion	Zeitgeschichte
1850	Erzbischof Johannes von Geissel wird als erster Kölner Oberhirte zum Kardinal erhoben		
1852	101 000 Einwohner		
1859	Eisenbahnbrücke über den Rhein – die erste feste Brücke seit der Römerzeit, in gefährlicher Nähe zum Dom		
1859 bis 1869		Der Dom zu REGENSBURG wird vollendet	
1863	Das Innere des Doms ist vollendet, nach 563 Jahren fällt die Mauer vor dem Chor		
1870		Das I. Vatikanische Konzil verkündet das Dogma von der Unfehlbarkeit des Papstes	
1872		Der preußische Landtag erläßt das Gesetz über die Staatsaufsicht über alle Schulen und eröffnet damit den »Kulturkampf« gegen die katholische Kirche (bis 1887)	
1874	Die preußische Regierung wirft den Kölner Erzbischof Paulus Melchers ins Gefängnis	Die neugotische Nikolaikirche in HAMBURG ist vollendet. Ihr 147 m hoher Turm ist bis 1876 das höchste Bauwerk der Erde	
1876		Das Rathaus von Philadelphia ist vollendet; mit einer Höhe von 167 m übertrifft es alle früheren und späteren Kirchtürme auf Erden	Nikolaus Otto baut in Deutz bei Köln (1888 eingemeindet) den ersten Hochleistungs-Verbrennungsmotor, das Vorbild der Automotoren
1880	Nach 632 Jahren ist der Dom vollendet		

Jahr	Köln und der Dom	Kirchenbau und Religion	Zeitgeschichte
1881	140 000 Einwohner		
1881 bis 1885	Köln trägt die ehemaligen Festungswerke ab und ersetzt sie durch eine Ringstraße		
1885	239 000 Einwohner		
1900	372 000 Einwohner		
1904 bis 1940	Das Strebewerk am Chor wird erneuert		
1910	516 000 Einwohner, Deutschlands sechstgrößte Stadt (nach Berlin, Hamburg, München, Leipzig, Dresden)		
1911	Die Eisenbahnbrücke von 1859 wird durch die Hohenzollernbrücke abgelöst, die bis heute verkehrsreichste Eisenbahnbrücke der Erde		
1917 bis 1933	Oberbürgermeister von Köln ist Konrad Adenauer		
1919	Die Universität wird neu gegründet		
1924	Im Südturm wird die 24 Tonnen schwere Petersglocke aufgehängt		
1925	700 000 Einwohner		
1939	772 000 Einwohner, Deutschlands viertgrößte Stadt (nach Berlin, Hamburg, München)		
1943 bis 1945	Derr Dom wird von 14 Sprengbomben getroffen		
1945	410 000 Einwohner		

Jahr	Köln und der Dom	Kirchenbau und Religion	Zeitgeschichte
1946	Unter dem Dom wird der Westchor des im Jahr 870 geweihten Alten Doms ausgegraben		
1948	Der im Krieg beschädigte Chor ist wieder benutzbar. Köln feiert den 700. Jahrestag der Grundsteinlegung		
1956	Der gesamte Innenraum des Doms ist wiederhergestellt		
1975	Für 18 Monate wird Köln Millionenstadt. Dann hebt das Verfassungsgericht von Nordrhein-Westfalen die Eingemeindung von Wesseling wieder auf		
1980	Köln feiert das 100. Jubiläum der Vollendung des Doms		

Der Blick aus der westlichen Vorhalle unter den Türmen auf das bis zum Chor 108 Meter lange Mittelschiff.

1868 verschwand der 25 Meter hohe knarzende Kran auf dem Südturm, errichtet im 14. Jahrhundert, der höchste des Mittelalters.

Der Stumpf des Südturms, eines der gewaltigsten Bauwerke des Mittelalters, mit einem höheren Bauvolumen als mancher Dom.

Blitzableiter-Inspektion auf dem Nordturm (1952).
Die krönende Kreuzblume allein ist acht Meter hoch.

1943 riß eine Sprengbombe aus dem Nordturm 80 Kubikmeter Stein. Pioniere der Wehrmacht flickten das Loch mit 20 000 Steinen.

Ein Gebirge wie kaum ein zweites auf Erden: 160 000 Tonnen Stein streben dem Himmel entgegen.

Strebebögen – Teil des Steinskeletts, das es den gotischen Domen ermöglicht, zugleich leicht, licht und stabil zu sein.

Die Strebebögen leiten den Schub des Gewölbes und den Winddruck auf Strebepfeiler ab. Unten zwei Wasserspeier.

Maßwerk, Stabwerk und Ziergiebel am Südturm – ein Rausch der Senkrechten »wie die Schnüre eines lautlosen Regens«.

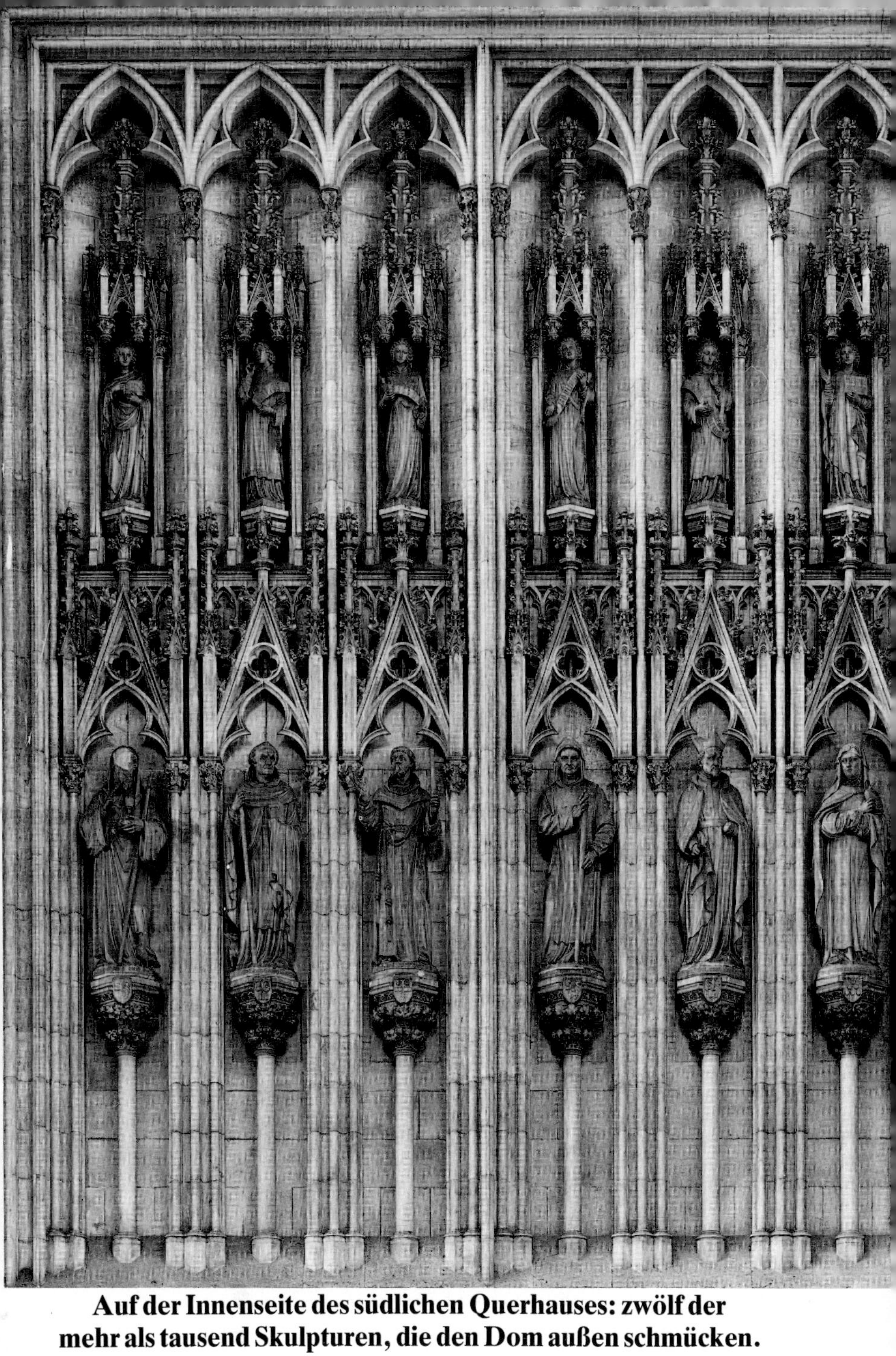

Auf der Innenseite des südlichen Querhauses: zwölf der mehr als tausend Skulpturen, die den Dom außen schmücken.

Die Kreuzrippengewölbe 43 Meter über dem Boden: tragende Rippen, auf die nur leichte Kappen aufgemauert sind.

Blick aus dem Langhaus in die westliche Vorhalle – die gewaltigste Verbindung von Stein und Glas irgendwo Erden.

Die Nordseite des Chors. Der Chor zeigt stets nach Osten. In ihm sitzt beim Gottesdienst die Geistlichkeit.

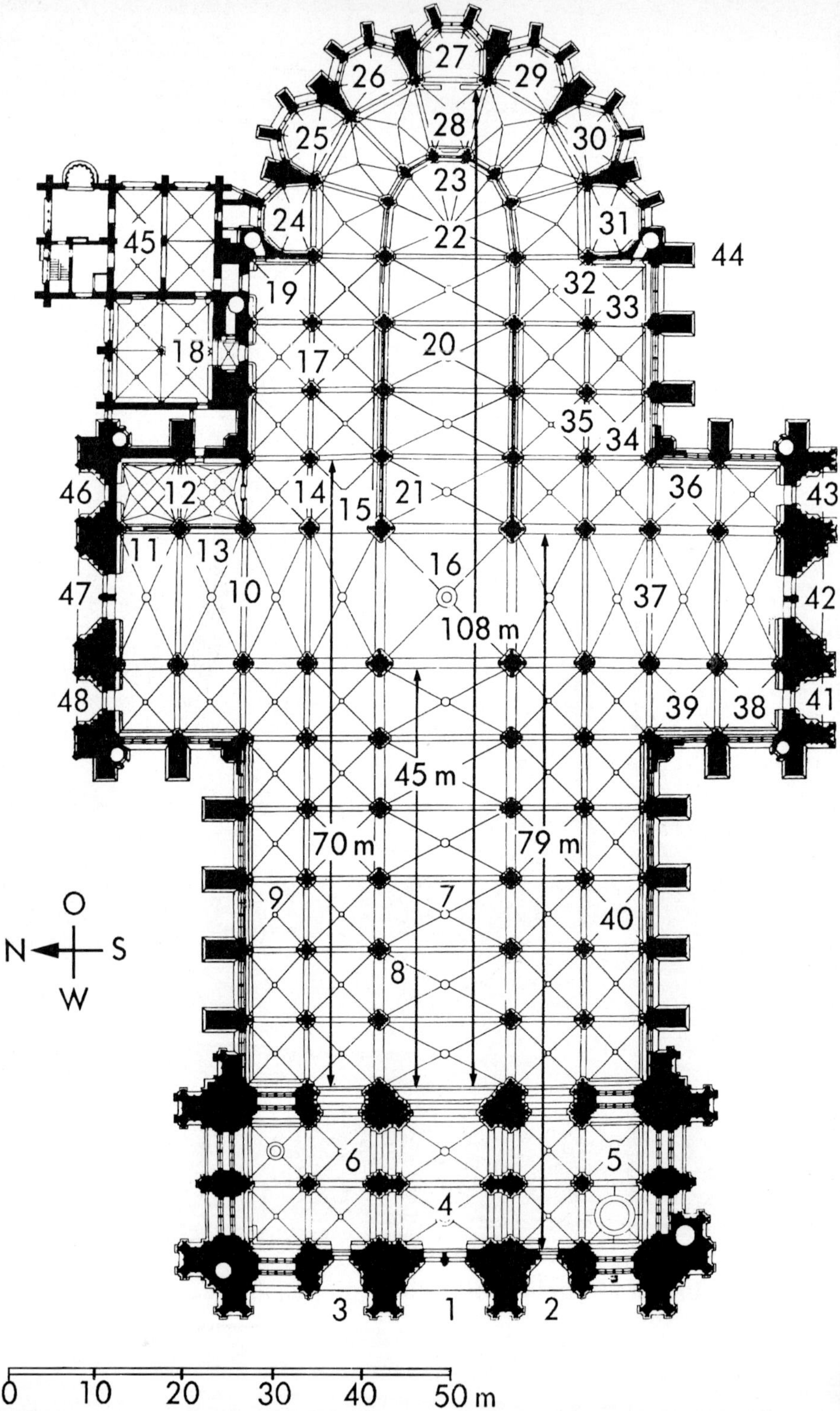

27
26
29
28
25
30
23
24
45
31
22
44
19
32
33
20
18
17
35
34
46
12
14
15
21
36
43
11
13
16
47
10
37
42
108 m
48
39
38
41
45 m
70 m
79 m
9
7
O
40
N
S
W
8
6
5
4
3
1
2
0
10
20
30
40
50 m

Erläuterungen zum Grundriß

. Hauptportal
. Petersportal –Turmbesteigung
. Dreikönigenportal
. Vorhalle
. Südturm mit Beweinung Christi
. Nordturm mit Bunker, 1943
. Langhaus-Mittelschiff
. St. Michael, 1919
. Nord-Seitenschiff, Fenster 1509
. Nordquerhaus
. Himmelfahrt Mariens, Overbeck
. Schatzkammer
. Dreikönigenaltar,
Schmuckmadonna
. Orgel- und Sängerbühne
. Treppe zur Krypta
. Vierung, liturgisches Zentrum
. Grabmal Engelbert III. († 1368)
. Sakramentskapelle, Mailänder Mad.
. Gero-Kreuz
. Binnenchor
. Chorgestühl, Chorschranken
. Hochaltar, 1322
. Dreikönigenschrein
. Engelbertuskapelle
. Maternuskapelle mit Grabmal
Philipp v. Heinsberg († 1192)
. Johanneskapelle mit Grabmal
Konrad von Hochstaden († 1261)
. Dreikönigenkapelle m. Bibelfenster

28. Grabmal Dietrich von Moers († 1463)
29. Agneskapelle, Grab d. hl. Irmgard
30. Michaelskapelle mit Grabmal
Walram v. Jülich († 1349)
31. Stephanuskapelle mit Bibelfenster II. und Grabmal Gero († 976)
32. Grabmal Saarwerden († 1414)
33. Marienkapelle, Lochnerbild
34. Grabmal Rainald v. Dassel († 1167)
35. Grabmal Arnsberg († 1372)
36. Agilolfus-Altar
37. Südquerhaus
38. Fenster Apostelkonzil, 1875
39. Görresfenster, 1856
40. Südseitenschiff mit Bayernfenstern
41. Ursulaportal
42. Passionsportal
43. Gereonsportal
44. Dombauhütte, Reste Pfalzkapelle
45. Sakristeigebäude
46. Bonifatiusportal
47. Michaelsportal
48. Maternusportal

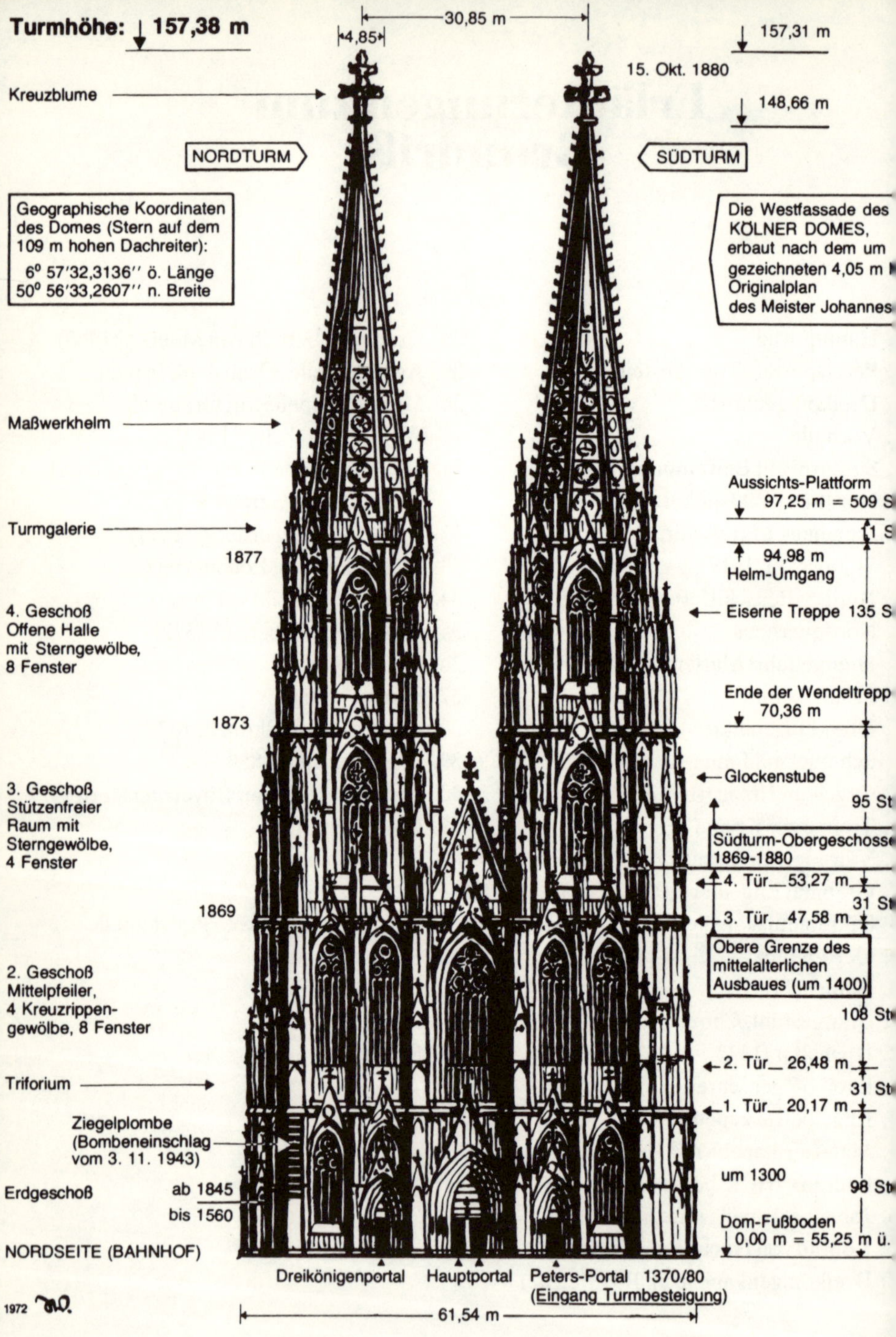
Turmhöhe: 157,38 m
4,85
30,85 m
157,31 m
15. Okt. 1880
148,66 m
Kreuzblume
NORDTURM
SÜDTURM
Geographische Koordinaten des Domes (Stern auf dem 109 m hohen Dachreiter):
6° 57′32,3136″ ö. Länge
50° 56′33,2607″ n. Breite
Die Westfassade des KÖLNER DOMES, erbaut nach dem um gezeichneten 4,05 m Originalplan des Meister Johannes
Maßwerkhelm
Aussichts-Plattform 97,25 m = 509 S
Turmgalerie
1 S
1877
94,98 m Helm-Umgang
4. Geschoß Offene Halle mit Sterngewölbe, 8 Fenster
Eiserne Treppe 135 S
Ende der Wendeltrepp 70,36 m
1873
Glockenstube
3. Geschoß Stützenfreier Raum mit Sterngewölbe, 4 Fenster
95 St
Südturm-Obergeschoss 1869-1880
4. Tür 53,27 m
31 St
1869
3. Tür 47,58 m
Obere Grenze des mittelalterlichen Ausbaues (um 1400)
2. Geschoß Mittelpfeiler, 4 Kreuzrippengewölbe, 8 Fenster
108 St
2. Tür 26,48 m
Triforium
31 St
1. Tür 20,17 m
Ziegelplombe (Bombeneinschlag vom 3. 11. 1943)
um 1300
Erdgeschoß
ab 1845
bis 1560
98 St
Dom-Fußboden 0,00 m = 55,25 m ü.
NORDSEITE (BAHNHOF)
Dreikönigenportal
Hauptportal
Peters-Portal 1370/80
(Eingang Turmbesteigung)
1972
61,54 m

Lexikon der Gotik

Achskapelle Die mittlere Chorkapelle, die in der Achse des Mittelschiffs liegt und so der romanischen *Apsis* entspricht. In AMIENS ragt die Achskapelle weit aus dem Kranz der Chorkapellen nach Osten.

Ambo, der (Plural Ambonen – von griech. ambainein = hinaufsteigen): Eine Lesebühne vor den Chorschranken, der Ort der Predigt; vor allem in romanischen und frühgotischen Kirchen. Im 13. Jahrhundert wurde der Ambo durch *Lettner* und Kanzel abgelöst.

Apsis, die (Plural Apsiden), auch Konche (Muschel): Eine Ausbuchtung oder Nische, besonders am Ostrand romanischer Kirchen hinter dem *Chor*, meist mit einem Altar, oft dem Hauptaltar. Die Apsis ist meist halbrund oder vieleckig und mit einer Halbkuppel überwölbt. In gotischen Kirchen wird die Apsis durch einen Kranz von *Chorkapellen* ersetzt. Vgl. *Achskapelle.*

Archivolte (ital. Bogenwindung): In der meist schräggestuften Öffnung eines gotischen Portals (*Gewände*) die gestaffelt vorspringenden Spitzbögen über dem *Tympanon*, meist mit Ornamenten oder Skulpturen geschmückt.

Arkade (von lat. arcus = Bogen):
1. Ein *Bogen* über zwei Pfeilern oder Säulen.
2. Eine Bogenreihe oder Arkadenfolge, wie sie in der *Basilika* das Mittelschiff von den Seitenschiffen trennt; in AMIENS die untere Hälfte, in KÖLN die unteren 3/7 des Mittelschiffs (unter *Triforium* und *Obergaden*). Vgl. *Scheidbogen.*
3. Ein von einer Arkadenfolge gesäumter Gang, auch »Laube«.

Backsteingotik Gotische Bauten aus Backsteinen, meist weil kein Naturstein zur Verfügung stand: LÜBECK, DANZIG, LANDSHUT, MÜNCHEN. Vgl. *Haustein*

Baldachin In der Architektur: das Schirmdach des *Tabernakels* über einer Statue. Ist das Dach hoch und spitz, so spricht man auch von einem *Tabernakeltürmchen.* Von ihm sind die Übergänge zur *Fiale* fließend.

Basilika (von lat. basilicus = königlich, fürstlich): Ursprünglich römischer Prachtbau von rechteckiger Form, durch zwei Reihen von Pfeilern in drei *Schiffe* geteilt, um eine Breite zu ermöglichen, die über die maximale Länge hölzerner Deckenbalken oder Gitterträger und die Spannweite steinerner *Gewölbe* hinausging. Die Basilika diente als Gerichtssaal, Rathaus, Markthalle oder Börse.

Das Mittelschiff war stets breiter, oft auch höher als die Seitenschiffe. Im christlichen Kirchenbau spricht man vor allem dann von einer Basilika, wenn das Mittelschiff deutlich höher und mit eigenen Fenstern über dem Dach der Seitenschiffe versehen ist, wie bei den meisten gotischen Domen; bei gleicher Höhe der Schiffe spricht man von einer *Hallenkirche*. Vgl. *Empore*.

Nach katholischem Recht ist »Basilika« ein Ehrentitel, den der Vatikan, unabhängig von der Bauform, besonders ehrwürdigen Kirchen verleiht, so dem Münster in BONN und der Hedwigskathedrale in BERLIN, die ein *Zentralbau* ist.

Birnstab Ein *Dienst* oder eine *Rippe*, wenn sie im Querschnitt birnenförmig sind.

Blattwerk s. Laubwerk

Blendwerk Sammelname für *Arkaden* (Blendarkaden, blinde Arkaden), *Maßwerk* (Blendmaßwerk) oder *Ziergiebel*, wenn sie als *Ornament* auf der Mauer aufliegen.

Bogen Ein *Tragwerk*, das eine Öffnung gebogen überspannt, im Unterschied zum Balken. Vgl. *Arkade*, *Gurtbogen*, *Kielbogen*, *Scheidbogen*, *Spitzbogen*, *Strebewerk*.

Bündelpfeiler, auch Pfeilerbündel: Ein Wandpfeiler oder freistehender Rundpfeiler, der von dünnen Dreiviertel-, Halb- oder Viertelsäulen (*Diensten*) umstellt ist. In KÖLN haben die Vierungspfeiler 16 Dienste, die beiden größten freistehenden Pfeiler (im Mittelschiff unter den Türmen) je 45 Dienste (einschließlich der Säulen, die Figurenkonsolen tragen).

Chor (von griech. choros = Tanz, Reigen): In romanischen und gotischen Kirchen der Teil des Mittelschiffs, der nach Osten über das Querschiff hinausragt und damit der Kirche die Form eines christlichen Kreuzes gibt; in KÖLN das östliche Drittel des *Langhauses* (im weiteren Sinn des Wortes; im engeren Sinn endet das »Langhaus« an der *Vierung* und wird im Chor nach Osten fortgesetzt).

Ursprünglich war dieser Teil der Kirche für geistliche Chorsänger bestimmt, später allgemein für die Geistlichkeit. Der Chor (oder die *Apsis* noch östlich von ihm) enthält den Hauptaltar. Der Bau der gotischen Dome wurde meist mit dem Chor begonnen.

Chorgestühl: Die Sitze der Geistlichkeit im Chor, oft Höhepunkte der Holzschnitzerei. Das Chorgestühl in KÖLN ist eines der großartigsten des Mittelalters.

Chorhaupt: Der Ostrand des Chors, bestehend aus *Chorumgang* (s. unten) und *Chorkapellen*; von außen gesehen gleichsam der Bug des Kirchenschiffs.

Chorhaus: Die Summe von Chor, Chorumgang und Chorkapellen.

Chorkapellen: Die Ausbuchtungen oder Nischen mit Nebenaltären am Ostrand gotischer Dome, meist drei (CHARTRES), fünf (REIMS) oder sieben (AMIENS, BEAUVAIS, KÖLN). Vgl. *Achskapelle*, *Apsis*.

Chorschranke: Eine Brüstung aus Stein oder Holz, die den Chor vom übrigen Langhaus, also die Geistlichkeit von den Laien, abgrenzt. Vgl. *Lettner*.

Chorumgang: In den meisten gotischen Domen der halbkreisförmige Korridor östlich des Hauptaltars, der den Zugang zu Chorkapellen und Nebenaltären eröffnet und als Prozessionsweg dient.

Couronnement (frz. Krönung, Bekränzung): Der obere Teil des *Maßwerks*, gerundet und oft aus Zirkelschlägen konstruiert, über den Stäben des *Stabwerks*. In der Früh- und Hochgotik war das Couronnement auf Kreisbögen beschränkt; in der Spätgotik kam das *Flammenmaßwerk* auf. Vgl. *Paß*.

Dachreiter Der *Vierungsturm*, wenn er nur ein Türmchen ist wie auf den Kathedralen von ROUEN (151 m), AMIENS (113 m) oder KÖLN (109 m). In Rouen und Amiens ist der Dachreiter zugleich der höchste Turm der Kathedrale.

Dienst Eine schlanke Halbsäule (Dreiviertelsäule, Viertelsäule) rings um einen Pfeiler, der durch die Dienste zum *Bündelpfeiler* wird. In den gotischen Domen setzen sich die Dienste in den *Rippen* des *Kreuzrippengewölbes* fort. Oft stützen sie diese Rippen, immer haben sie zwei optische Funktionen: die Massigkeit der Pfeiler aufzulösen und mit Hilfe der durchgehenden Linie vom Boden bis zum Scheitel des Gewölbes den Höheneindruck zu verstärken.

Dienste mit birnenförmigem Querschnitt werden auch *Birnstäbe* genannt, Dreiviertelsäulen *Rundstäbe* oder *Röhren*, ihre Summe an einem Bündelpfeiler *Röhrenwerk*.

Dom (von lat. domus = Haus und dominus = Hausherr über frz. dôme = Kuppel, Gewölbe): Die Hauptkirche einer Diözese, die Bischofskirche, meist mit einem großen *Chor* als Sitz der Domherren. Der Begriff *Dom* deckt sich mit dem der *Kathedrale*, während *Münster* nur ein historisches Wort für stattliche Kirchen in Südwest- und Westdeutschland ist.

Dreipaß s. Paß

Empore Obergeschoß in Kirchen, Sälen und Theatern, das zum Innenraum hin offen ist (Galerie, »Rang«). Romanische Kirchen hatten zum Teil eine Empore in der Westfassade, dem *Chor* gegenüber, oft Emporen über den Seitenschiffen; so auch noch in der frühen Gotik (Nôtre Dame in PARIS).

Die Seitenemporen dienten einem dreifachen Zweck: das Fassungsvermögen der Kirche zu erhöhen, abgesetzte Räume für bestimmte Personengruppen zu schaffen (Adel, Nonnen) und ein Widerlager gegen den *Seitenschub* des Mittelschiffs zu bilden, das bei der *Basilika* die Seitenschiffe überragt.

Bei der Kathedrale von CHARTRES fiel die für die Gotik wegweisende Entscheidung: die Emporen weglassen, ihre stützende Funktion dem *Strebewerk* übertragen und so Platz für riesige Fenster gewinnen (s. Obergaden).

Eselsrücken s. Kielbogen

Fächergewölbe Ein *Kreuzrippengewölbe,* wenn seine Rippen fächerförmig von einem *Pfeiler* ausstrahlen.

Fensterrose, Radfenster, Rundfenster, Rosenfenster, Rosette: Ein rundes, reich mit *Maßwerk* verziertes Fenster meist in der Westfassade über dem Hauptportal gotischer Kathedralen, als Symbol der Sonne gedeutet. Die größten Fensterrosen haben STRASSBURG (Durchmesser 14 m) und Nôtre Dame in PARIS (13 m).

CHARTRES und AMIENS haben drei große Fensterrosen (zwei zusätzlich über den Portalen des Querhauses), CHARTRES dazu kleine Rosen über allen *Obergaden*fenstern des Langhauses. REIMS hat in der Westfassade zwei Rosen übereinander (eine statt des *Tympanons*) und ebenfalls zwei weitere im Querhaus.

Manchmal wird unterschieden: *Fensterrosen* sollen nur die aus Kreisen zusammengesetzten Rundfenster heißen wie in CHARTRES; wo der Eindruck von Radspeichern entsteht (STRASSBURG), soll man von *Radfenstern* sprechen.

Fiale die (von ital. fiala = Phiole = Flasche mit langem, engem Hals): Kleiner, schlanker Spitzturm, entweder als Zierat beiderseits der *Ziergiebel* oder als Krönung der *Strebepfeiler*. Im zweiten Fall ist die Fiale nicht nur Zierde, die einen stumpfen Abschluß des Pfeilers verhindern soll, sondern auch notwendige Last, die den Widerstand der Strebepfeiler gegen den *Seitenschub* des Gewölbes sichern hilft.

Der senkrechte untere Teil der Fiale wird *Leib* oder *Schaft* genannt, der spitz zulaufende obere *Helm* oder *Riese*. Der Helm ist oft mit Kriechblumen besetzt und von einer *Kreuzblume* gekrönt.

Fischblasen-Stil s. Flammenmaßwerk.

Flammenmaßwerk, Flamboyant-Stil, Fischblasen-Stil: *Maßwerk* der französischen und englischen *Spätgotik* des 15./16. Jahrhunderts, das die bis dahin üblichen geometrischen Formen durch Formen nach Art von Fischblasen oder züngelnden Flammen ersetzt.

Frühgotik Die Zeit von 1140 bis 1190. Vgl. *Gotik*.

Frühmittelalter Die Zeit von 325 (oder 337 oder 375 oder 476 oder 800) bis 919 oder 955 oder 962. Vgl. *Mittelalter*.

Gaden s. Obergaden

Gerippebau s. Skelettbau

Gewände, Wange: Eine schräggestufte Maueröffnung für Fenster oder *Portale*, wie in der Gotik üblich. Nach oben wird das Gewände meist durch *Archivolten* begrenzt. Gewaltige Gewände, nach außen vorgestülpt, haben LAON, CHARTRES und REIMS, nach innen gezogen AMIENS.

Gewölbe Ein *Tragwerk*, gemauert über einem Lehrgerüst. S. *Gurtgewölbe*, *Kreuzgratgewölbe*, *Kreuzrippengewölbe*, *Tonnengewölbe*, *Stichkappe*.

Gewölbebogen: 1. Die Krümmung eines Gewölbes, das Gewölbte selbst, auch *Scheidbogen* und *Schildbogen*. 2. Die *Gurtbogen* eines Tonnengewölbes.

Gewölbelaibung: Die untere, innere Seite eines Gewölbes.

Gewölberücken: Die obere, äußere Seite eines Gewölbes.

Gotik Name für den Baustil, später für die gesamte Kunstrichtung, die von etwa 1140 bis 1500 in Nordfrankreich, später auch in England, Westdeutschland und den Niederlanden dominierten und in viele andere europäische Länder abstrahlten (MAILAND, PRAG, SEVILLA).

Den Begriff prägte der italienische Künstler und Kunsthistoriker Giorgio Vasari 1550 in seinen »Lebensbildern« berühmter italienischer Künstler. Er verstand ihn als Schmähwort für einen barbarischen, widerwärtigen, überladenen Stil, den er fälschlich dem germanischen Stamm der Goten zuschrieb.

In Deutschland kehrte Goethe 1772 diese Bedeutung ins Positive um. Auf englisch heißt *gothic* noch heute nicht nur »gotisch«, sondern auch »barbarisch, wandalisch«. Die Gotik wird unterteilt in:

Frühgotik: Die Zeit von etwa 1140 bis 1190. Baubeginn: ST. DENIS 1137, LAON 1160, PARIS (Nôtre Dame) 1163.

Hochgotik: Die Zeit von etwa 1190 bis 1350. Baubeginn: CHARTRES 1194, ROUEN und FREIBURG 1202, REIMS 1211, AMIENS und SALISBURY 1220, MARBURG (Elisabethkirche) 1235, WESTMINSTER 1245, KÖLN 1248, WIEN 1304.

Spätgotik: Die Zeit von etwa 1350 bis 1500. Baubeginn: ULM 1377, MAILAND 1386, SEVILLA 1402, MÜNCHEN (Frauenkirche) 1468; KÖLN bis 1560.

Neugotik: Die Wiederbelebung gotischer Formen, in England seit 1750, in Deutschland unter dem Einfluß Goethes seit 1772, bis gegen Ende des 19. Jahrhunderts. Baubeginn: 1840 House of Parliament (LONDON), 1842 Weiterbau in KÖLN, 1846 Nikolaikirche HAMBURG, 1867 Rathaus von MÜNCHEN, 1872 Rathaus von WIEN, 1904 Kathedrale von LIVERPOOL, 1907 Kathedrale von WASHINGTON (vollendet 1990).

Vgl. *Mittelalter*.

Grat, Gratbogen: Die Schnittlinie zweier Gewölbeflächen beim *Kreuzgratgewölbe*.

Gurtbogen, Gurt, Quergurt: Die Verstärkung eines *Tonnengewölbes* quer zu dessen Längsachse, in der Gotik meist in Form von *Rippen*. Die Gurtbogen teilen das Gewölbe in *Joche*.

Gurtgewölbe: ein Tonnengewölbe, wenn es durch Gurtbogen verstärkt ist.

Hallenkirche Eine mehrschiffige Kirche, bei der die Schiffe gleich oder fast gleich hoch und von einem gemeinsamen Dach gedeckt sind; in Unterschied zur *Basilika*, der Bauform der meisten gotischen Dome. Die bekannteste gotische Hallenkirche ist die Elisabethkirche in MARBURG. Mischformen zwischen Hallenkirche und Basilika sind *Pseudobasilika* und *Emporenkirche*.

Haustein Ein Naturstein, wenn er rundum ebenmäßig behauen ist wie in gotischen Domen üblich; im Unterschied zum Bruchstein; zu dem nur an den Kanten behauenen Werkstein, der reichlich Mörtel erfordert; und zum Backstein. Vgl. *Backsteingotik*.

Helm, Turmhelm, Riese: Der obere Teil eines Kirchturms, wenn er einen spitzen Kegel oder eine spitze Pyramide bildet – einen geschlossenen Kegel (CHARTRES, Südturm; MARBURG, Elisabethkirche); eine geschlossene Pyramide (LÜBECK, Marienkirche; SALISBURY); in der Hoch-, Spät- und Neugotik meist offenes *Maßwerk*: FREIBURG (Helm

45 m), STRASSBURG, WIEN, KÖLN (Helm 62 m), ULM (59 m). In der französischen Gotik überwiegen helmlose Türme (Nôtre Dame in PARIS, LAON, REIMS, AMIENS).

Hochgotik Die Zeit von 1190 bis 1350. Vgl. *Gotik*.

Hochmittelalter Die Zeit von 919 (usw.) bis 1250 (oder 1268 oder 1273). Vgl. *Mittelalter*.

Joch 1. Das quadratische oder rechteckige Feld zwischen jeweils vier *Stützen* einer mehrschiffigen Kirche (frz. travée).
2. Der entsprechende Abschnitt des *Gewölbes*, meist durch *Gurtbogen* gekennzeichnet. Vgl. *Kappe*.

Kämpfer (verballhornt aus lat. capreolus = Ziegenbock, Strebebalken): Vorspringender Stein als Auflager für den Ansatz eines Gewölbes oder eines Arkadenbogens. In der *Hochgotik* wird der Kämpfer durch das *Kapitell* ersetzt.

Kapitell (von lat. capitellum: Köpfchen), auch Pfeilerkopf, Säulenkopf, Säulenhaupt: Der verbreiterte, meist verzierte obere Abschluß von *Säulen*, *Pfeilern* und *Pilastern* zur besseren Übertragung der Last (z. B. des Dachbalkens) auf die *Stütze*. In der *Hochgotik* liegen die Kapitelle, oft mit *Blattwerk* verziert, meist dort, wo die *Dienste* der Bündelpfeiler in die *Rippen* der Arkaden oder des Kreuzrippengewölbes übergehen. In der *Spätgotik* (wie in KÖLN auf der Turmseite) entfällt das Kapitell: *Dienste* und *Rippen* haben das gleiche Profil, in einer einzigen Flucht vom Boden bis zum Scheitel des Gewölbes.

Kappe Beim Gewölbe: Einer der vier oder mehr Teile zwischen den *Graten* des *Jochs*. Ruht das Gewölbe auf tragenden *Rippen*, so dienen die Kappen nur dem Abschluß des Raums und sind entsprechend leicht.

Kathedrale (von lat. cathedra = Stuhl), kirchenlat. Lehrstuhl, Bischofssitz – vgl. »Katheder«): Die Hauptkirche einer Diözese, die Bischofskirche, wie der *Dom*.

Kielbogen, auch Eselsrücken: Ein Spitzbogen mit geschweiften Seitenlinien, wie der Querschnitt eines kieloben treibenden Bootes; häufig im Islam und in der *Spätgotik*. Vgl. *Bogen*.

Konche s. Apsis

Krabbe s. Kriechblume

Kreuzblume Krönendes Ornament aus *Laubwerk* als Abschluß von *Helmen*, *Fialen* und *Ziergiebeln*; meist vier *Kriechblumen*, die waagerecht um einen senkrechten Stil angeordnet sind. Die Kreuzblumen auf den beiden Türmen in KÖLN sind 8,25 m hoch, 4,58 m im Durchmesser und mehr als 30 Tonnen schwer.

Kreuzgratgewölbe, auch Kreuzgewölbe: Ein Gewölbe aus zwei *Tonnengewölben*, die sich rechtwinklig überschneiden wie über der *Vierung* gotischer Dome.

Kreuzrippengewölbe Das *Kreuzgratgewölbe*, wenn es statt der *Grate* tragende *Rippen* hat, auf die nur leichte *Kappen* aufgemauert sind. So wird das Gewölbe erheblich leichter, braucht also weniger *Stütze* und erzeugt weniger *Seitenschub*.

Kriechblume, auch Krabbe, Laubkopf: Ein blatt- oder knollenförmiges Ornament auf den Schrägen von *Fialen*, *Helmen*, *Strebebögen* und *Ziergiebeln*, meist zu *Krabbenläufen* gereiht.

Langhaus Der Hauptteil einer langgestreckten Kirche (im Unterschied zum *Zentralbau*), aus einem oder mehreren *Schiffen* bestehend. In allen gotischen Domen erstreckt sich das Langhaus von West nach Ost: im Westen der Haupteingang, oft mit einem oder zwei Türmen, darüber, im Osten der *Chor* und der Hauptaltar.

Im engeren Sinn ist das Langhaus nur der Raum für die Gemeinde, d. h. derjenige Teil des Schiffs oder der Schiffe, der westlich des *Querhauses* und des Chors liegt, meist etwa die Hälfte des gesamten Langhauses.

Last s. Stütze, Tragwerk

Laubkopf s. Kriechblume

Laubwerk, Blattwerk: Stilisierte steinerne Blätter zum Schmuck des *Tympanons*, der *Archivolten* oder der *Kapitelle*. Vgl. *Kriechblumen*.

Lehrgerüst, auch Schalungsgerüst: Ein hölzernes *Tragwerk*, das ein Gewölbe abstützt, während es entsteht. Das Lehrgerüst besteht aus dem *Lehrbogen* (Schalung, Obergerüst), auf dem das Gewölbe aufliegt, und dem *Untergerüst* aus Pfosten, Balken und Streben, das den Lehrbogen stützt.

Lettner (von lat. lectorium = Lesepult): Eine reich verzierte *Chorschranke*, wenn sie so hoch ist, daß sie den Laien im Langhaus den Blick auf den Klerus im Chor verwehrt und über dem Durchgang Platz für eine Empore für Lesungen bietet, wie seit dem Ende des 12. Jahrhunderts üblich. Vgl. *Ambo*.

Lichtgaden s. Obergaden

Maßwerk Ein für die Gotik typisches schmückendes Steingerippe, bestehend aus den Stäben des *Stabwerks* und den Bögen des krönenden *Couronnements*.

In Turmhelmen, Ziergiebeln, Fensterrosen und Balustraden steht das Maßwerk frei. In seiner bekanntesten Verwendung unterteilt es die Fenster. Dort wird es durch die Eisenzüge gestützt, die, im *Gewände* verankert, zugleich die Glasflächen sichern.

Liegt das Maßwerk auf gemauerten Flächen auf wie tausendfach an den Fassaden in KÖLN, so spricht man von blindem Maßwerk oder *Blendmaßwerk*.

Zweischaliges Maßwerk: Gleichgeformtes zweifaches Maßwerk, einmal als Teil des Fensters, einmal frei in die Fensteröffnung gestellt, um die Stärke der Mauern optisch zu vermindern; so in KÖLN in den beiden Türmen, wo die beiden Maßwerkschalen 1,40 Meter voneinander entfernt sind.

Mauervorlage s. Pfeilervorlage

Mittelalter Der erstmals 1688 bezeugte Name für die Epoche zwischen Altertum und Neuzeit; was wir Mittelalter nennen, hieß bei den Zeitgenossen »moderne Zeit« (moderni tempores, so 1287 beim Bischof von Exeter).

Als Beginn des Mittelalters wird mehr oder weniger willkürlich angegeben: 325 n. Chr. (Konzil von Nikäa unter Konstantin dem Großen); 337 (Tod Konstantins); 375 (Beginn der Völkerwanderung); 476 (Häufigste Nennung: Die Germanen zerschlagen das Weströmische Reich); 800 (Karl der Große wird zum Kaiser gekrönt).

Als Ende des Mittelalters gilt die Eroberung Konstantinopels durch die Türken (1453) oder die erste Gutenberg-Bibel (1456) oder die Landung des Kolumbus in Amerika (1492) oder Luthers Thesenanschlag an der Schloßkirche zu Wittenberg (1517) oder die Thronbesteigung Karls V. (1519).

Dabei kann immer nur Europa gemeint sein. Das Mittelalter wird mit ähnlicher Willkür unterteilt in:

Frühmittelalter: 476 (usw.) bis 919 (mit der Wahl Heinrichs I. wird das deutsche Königtum begründet) oder bis 955 (endgültiger Sieg über die Ungarn auf dem Lechfeld) oder 962 (König Otto I. wird zum Kaiser gekrönt).

Hochmittelalter: 919 (usw.) bis 1250 (Tod Kaiser Friedrichs II.) oder 1268 (Konradin, der letzte Staufer, wird enthauptet) oder 1273 (Rudolf I., der erste Habsburger auf dem Königsthron).

Spätmittelalter: 1250 (usw.) bis 1453 (oder 1456 oder 1492 oder 1517 oder 1519).

Die *Frühgotik* (1140–1190) liegt also ganz, die *Hochgotik* (1190 bis 1350) zur Hälfte im *Hochmittelalter*, während die zweite Hälfte der Hochgotik und die *Spätgotik* ins *Spätmittelalter* fallen.

Münster (von lat. monasterium = Kloster): Ursprünglich die gesamte Klosteranlage, dann die Klosterkirche, dann eine besonders stattliche Kirche ohne Beziehung zu ihrer Funktion, anders als *Dom* und *Kathedrale*.

Nase Nach innen vorspringende Ecke im *Couronnement* des *Maßwerks*.

Neugotik s. Gotik

Obergaden (der), auch Gaden, Lichtgaden: Die Fensterreihe im oberen Teil des Mittelschiffs einer *Basilika*, über den Dächern der niedrigeren Seitenschiffe – ein klassisches Element der gotischen Dome; meist die oberen 3/7, über den *Arkaden* und dem *Triforium*. Vgl. *Empore*.

Ornament Das schmückende Beiwerk zur strengen gotischen Statik: s. *Baldachin*, *Blendwerk*, *Fiale*, *Kreuzblume*, *Kriechblume*, *Laubwerk*, *Maßwerk*, *Paß*, *Pilaster*, *Tabernakel*, *Ziergiebel*.

Parler, auch Parlier, Parlierer, verballhornt zu Pallierer, Palier, Polier (von frz. parler = sprechen): Der Sprecher der Bauleute und Vertreter des Bauhüttenmeisters. Heinrich Parler, um 1350 Parlier am KÖLNER DOM, machte aus der Berufsbezeichnung den Familiennamen. Sein Sohn, Peter Parler (1330–1399), wurde berühmt als Baumeister des Veitsdoms und der Karlsbrücke in PRAG.

Paß Eine typische Figur im *Couronnement* des *Maßwerks* oder in *Fensterrosen*: Kreisbögen gleichen Durchmessers, die sich mit dem inneren Viertel überschneiden. Je nach der Zahl der Kreise spricht man von Dreipaß, Vierpaß usw.

Pfeiler Eine senkrechte *Stütze* aus Stein, Mauerwerk, Beton oder Eisen. Anders als die *Säule* verjüngt sich der Pfeiler nicht nach oben, ist also für fast beliebige Höhen geeignet; anders als die im Querschnitt kreisrunde Säule kann der Pfeiler auch viereckig, vieleckig oder asymmetrisch sein. Die gotischen Dome werden von Pfeilern getragen (*Skelettbau*). Die sechs Eckpfeiler der beiden Türme in KÖLN haben einen größten Durchmesser von 9 Metern, bedecken je 71 Quadratmeter und sind 15 bis 17 Meter tief gegründet. Vgl. *Bündelpfeiler*, *Pilaster*, *Strebewerk*.

Pfeilervorlage, oder Mauervorlage, Stufenpfeiler: die schräge oder gestufte Verstärkung eines Pfeilers oder einer tragenden Wand, auffallend z. B. an den Außenseiten in CHARTRES und der Elisabethkirche in MARBURG.

Pfeilerbündel s. Bündelpfeiler

Pilaster (von lat. pila = Pfosten): Ein *Pfeiler*, wenn er mit der Wand verbunden ist, nur zum Teil aus ihr hervortritt und nach Art einer klassischen Säule Basis und *Kapitell* besitzt. Er kann ein tragender Pfeiler, also eine *Stütze* sein, oder er dient nur der Dekoration (der Gliederung von Wänden, der Rahmung von Fenstern).

Portal Repräsentativer Eingang, in der Gotik meist in Form von drei Portalen in der Westfassade (in CHARTRES im Querhaus); meist geschmückt mit *Archivolten* und *Tympanon*. Vgl. *Gewände*.

Pseudobasilika, auch Stufenhallenkirche: Eine dreischiffige Kirche, bei der das Mittelschiff zwar höher ist als die Seitenschiffe, jedoch keine eigenen Fenster hat, im Unterschied zur *Basilika*. Die bekannteste P. ist der Stephansdom in WIEN. Vgl. *Empore*.

Quergurt s. Gurtbogen

Querhaus Der Teil des Kirchenschiffs, der das *Langhaus* kreuzt, meist vor dem *Chor*, in der Gotik immer in Nord-Süd-Richtung. Das Querhaus kann stark über das Langhaus hinausragen (LAON, SALISBURY), oder weniger stark, aber deutlich (CHARTRES, STRASSBURG, MAILAND; in KÖLN je 12 m), oder nur angedeutet (Nôtre Dame in PARIS, REIMS, AMIENS, ANTWERPEN). ULM und die Frauenkirche in MÜNCHEN haben kein Querhaus.

Radfenster s. Fensterrose

Rippe Der rippenähnliche Baukörper aus vielen Steinen, der das *Kreuzrippengewölbe* bildet. Die Rippen sind *Stützen*, die die *Kappen* des Gewölbes tragen und vor ihnen von Pfeiler zu Pfeiler gemauert werden. Optisch setzen sie die Aufwärtsbewegung der *Dienste* bis zum Scheitel des Gewölbes fort.

Röhrenwerk s. Dienst

Rose, Rosenfenster, Rosette, Rundfenster s. Fensterrose

Saalkirche Eine einschiffige Kirche, im Unterschied zu den mehrschiffigen Bauformen *Hallenkirche* und *Basilika*. Die Saalkirche, zunächst als Dorfkirche bekannt, wurde die bevorzugte Form evangelischer Kirchen und dominiert heute im Kirchenbau beider Konfessionen.

Säule Ein senkrechter Baukörper aus Stein, zylindrisch geformt, meist sich nach oben verjüngend. Überwiegend haben Säulen die Funktion einer *Stütze* (dann sind sie zugleich *Pfeiler*), oft dienen sie nur der Dekoration.

Scheidbogen Der Bogen über den Pfeilern einer *Arkade*, wenn die Arkaden die Schiffe voneinander trennen wie in gotischen Domen üblich.

Schiff Ein großer Innenraum, wenn er, nach Art eines Schiffes, erheblich mehr lang als breit ist, besonders im Kirchenbau. Einschiffige Kirchen heißen *Saalkirchen*, mehrschiffige *Hallenkirchen*, wenn die Schiffe gleich hoch sind, und *Basilika*, wenn das Mittelschiff dic Seitenschiffe deutlich überragt.

Das Schiff oder mehrere parallele Schiffe bilden das *Langhaus*; in den meisten gotischen Domen wird es von einem *Querhaus* gekreuzt. Vgl. *Zentralbau*.

Schildbogen Die bogenförmige Grenzlinie zwischen einem *Gewölbe* und einer senkrechten Mauer.

Schmuck s. Ornament

Schub s. Seitenschub

Schwibbogen s. Strebewerk

Seitenschub Die Kraft, mit der ein *Bogen* oder ein *Gewölbe* mit seinem Gewicht nicht nur nach unten, sondern auch nach außen drückt. Die *Stützen*, auf denen Gewölbe oder Bogen ruhen, müssen also, um nicht nach außen geschoben zu werden,

- entweder in sich genügend massiv sein (tragende Wand oder *Pfeiler* von entsprechender Stärke)
- oder durch *Pfeilervorlagen* verstärkt sein (wie in CHARTRES)
- oder durch ein *Strebewerk* nach außen abgestützt sein – die klassische Lösung der Gotik.

Zugleich verminderten die gotischen Baumeister den Seitenschub, indem sie

1. die Gewölbe leichter machten: An die Stelle des massiven Gewölbes setzten sie das *Kreuzrippengewölbe*;
2. statt des romanischen Rundbogens den *Spitzbogen* verwendeten.

Bei *Arkaden* inmitten einer Arkadenreihe wirken jeweils zwei Seitenschübe gegeneinander und heben sich damit gegenseitig auf; nur die beiden äußeren Arkaden müssen gegen Seitenschub abgestützt sein.

Skelettbau, Gerippebau: Die Bauform, bei der das Gebäude nicht von seinen Wänden getragen wird, sondern von einem Skelett aus Holz (Fachwerkhäuser) oder Stahl/Stahlbeton (moderne Hochhäuser). In das Skelett werden nichttragende Wände eingehängt (oder auch nicht: Eiffelturm).

Die gotische Bauweise wird meist nicht unter »Skelettbau« rubriziert, *ist* jedoch ein Steinskelettbau mit einem Skelett aus *Pfeilern* und *Rippen* innen und dem *Strebewerk* außen.

Spätgotik Die Zeit von 1350 bis 1500. Vgl. *Gotik*, *Flammenmaßwerk*, *Kielbogen*.

Spätmittelalter Die Zeit von 1250 (oder 1268 oder 1273) bis 1453 (oder 1456 oder 1492 oder 1517 oder 1519). Vgl. *Mittelalter*

Spitzbogen Der für die Gotik typische *Bogen* über Fensteröffnungen und *Portalen* sowie der Bogen, den die *Rippen* eines Kreuzrippengewölbes bilden.

Zunächst als kleiner Knick im Rundbogen entstanden und schon im 8. Jahrhundert im Islam bekannt, wurde der Spitzbogen in der Gotik immer steiler und brachte dreifachen Nutzen:

1. Er erzeugt weniger *Seitenschub* als der Rundbogen.
2. Im *Kreuzrippengewölbe* überspannt er nicht nur Quadrate wie der Rundbogen, sondern beliebige Rechtecke und sogar trapezförmige Grundrisse.
3. Gleichzeitig unterstreicht er das gotische Element des schlanken In-die-Höhe-Strebens.

Stabwerk Die steinernen Stäbe, die den höheren, unteren Teil des *Maßwerks* bilden, unter dem *Couronnement*. In KÖLN trägt die ungewöhnliche Höhe der Stäbe im Maßwerk der Türme zum Eindruck einer senkrechten Schraffur und damit zur Höhenwirkung bei. Das bekannteste Stabwerk ist die »steinerne Harfe« unter der Fensterrose in der Westfassade von STRASSBURG. Stabwerk von auffallender Höhe ohne Couronnement findet sich im Querhaus in CHARTRES.

Steinskelettbau s. Skelettbau, Pfeiler, Rippen, Strebewerk.

Stichkappe Ein kleines Gewölbe, z. B. über Fensteröffnungen, das in ein größeres Gewölbe einschneidet.

Strebewerk Der außen sichtbare Teil des gotischen *Skelettbaus*: Die *Strebepfeiler* und *Strebebögen*, die den *Seitenschub* des Mittelschiffgewölbes und den Winddruck aufnehmen, über die niedrigeren Seitenschiffe hinwegführen und auf die Fundamente ableiten.

Die *Strebebögen* (Schwibbögen, Schwippbögen, Stützbögen) liegen oft zu zweien übereinander (REIMS, AMIENS, BEAUVAIS, KÖLN), manchmal zu dreien (CHARTRES, BOURGES, LE MANS, WESTMINSTER). Unten sind sie stets in Form eines Viertelkreises, oben zu einer schrägen Geraden aufgemauert und oft mit *Kriechblumen* besetzt (KÖLN).

Stufenhallenkirche s. Pseudobasilika

Stufenpfeiler s. Pfeilervorlage

Stützbogen s. Strebewerk

Stütze Ein Baukörper, der eine Last trägt. Senkrechte Stützen sind Pfosten (aus Holz), *Säulen* (aus Stein mit rundem Querschnitt), *Pfeiler* (aus Stein, Mauerwerk, Beton oder Eisen mit beliebigem Querschnitt), *Pilaster* (Wandpfeiler) oder tragende Wände.

Schräg verlaufende Stützen heißen Streben (s. Strebewerk), gewölbte Stützen sind *Bogen*, *Gewölbe* und *Rippen*. Vgl. *Tragwerk*.

Tabernakel, das (von lat. tabernaculum = Hütte, Bude, Zelt):

1. Schrein für die geweihten Hostien

2. offenes, schilderhausartiges Gehäuse für die Statuen an und in gotischen Domen, gekrönt von einem Baldachin.

Tabernakeltürmchen s. Baldachin.

Tonnengewölbe Die älteste und einfachste Form des Gewölbes, im Kirchenbau das Gewölbe über den Lang- und Querhäusern. Wo die beiden Gewölbe sich kreuzen, entsteht das *Kreuzgewölbe*. Ist das Tonnengewölbe mit diagonalen *Rippen* unterlegt wie in den meisten gotischen Domen, so spricht man vom *Kreuzrippengewölbe*.

Tragwerk Ein Bauteil, das eine ständige Last aufnimmt und sie an *Stützen* weitergibt; vor allem *Balken*, *Bogen* und *Gewölbe*.

travée s. Joch

Triforium (lat. Drillingsöffnung): Eine Galerie aus kleinen *Spitzbögen* mit *Maßwerk*, die sich über den Arkaden der Seitenschiffe und unter den Riesenfenstern der Obergaden in halber Höhe wie eine Art Borte durch gotische Dome zieht.

Immer dient das Triforium der optischen Gliederung der gewaltigen Flächen. Meist ist es überdies die Brüstung eines Laufgangs, der den Zugang zu den Dachstühlen über den Seitenschiffen ermöglicht.

In den älteren Kathedralen zierte das Triforium die tote Zone hinter den Pultdächern der Seitenschiffe. Zuerst in REIMS wurde das durchgehende Pultdach durch eine Reihung von Zeltdächern ersetzt, so daß das Triforium Fenster bekommen konnte.

Der Name »Triforium« rührt davon her, daß zwischen zwei Pfeiler jeweils *drei* Spitzbögen gelegt werden; er blieb erhalten, auch wo man zwei oder vier Bögen verwendete.

Trommeln Die steinernen Werkstücke, die, aufeinandergeschichtet, den Schaft einer *Säule* oder einen *Pfeiler* ergeben. Gegen Verschiebung gesichert werden die Trommeln durch Dübel aus Holz oder Metall oder durch Mörtel.

Turmhelm s. Helm

Tympanon, Bogenfeld: Die halbkreis- oder spitzbogenförmige Fläche über den Portalen gotischer Dome, meist von *Archivolten* umrahmt. Das Tympanon ist meist reich geschmückt mit Skulpturen, Reliefs oder *Laubwerk*.

Vierpaß s. Paß

Vierung Bei kreuzförmigen Kirchen (wie den meisten gotischen Domen) der quadratische Raum, in dem sich die Mittelschiffe von *Langhaus* und *Querhaus* durchdringen, meist durch stärkere Pfeiler (*Vierungspfeiler*) markiert und von einem *Kreuzgewölbe* überwölbt.

Bei Kuppelkirchen wird die Vierung von der einzigen oder der höchsten Kuppel – der Vierungskuppel – überwölbt (Dom zu FLORENZ, Peterskirche in ROM).

Vierungsturm: der bei gotischen Domen häufige Turm über der Vierung; entweder ein schlankes Türmchen, dann *Dachreiter* genannt, oder ein wuchtiger Zentralturm an Stelle der sonst üblichen Türme in der Westfassade – so der Kathedrale von SALISBURY und von 1569 bis 1573 der Kathedrale von BEAUVAIS.

Wange s. Gewände
Wimperg (von »Wind« und »bergen«): s. *Ziergiebel*
Zentralbau Ein Bau, besonders ein Tempel oder eine Kirche, deren Achsen oder Teilräume annähernd gleich groß und um einen Zentralraum symmetrisch angeordnet sind; im Unterschied zum *Langhaus*, das im Kirchenbau dominiert.

Bekannte Zentralbauten sind das Pantheon in ROM, die Hagia Sophia in ISTANBUL, das Münster von AACHEN, die Villa Rotonda des Palladio in VICENZA, die Nikolaikirche in POTSDAM.

Zierat s. Ornament
Ziergiebel, Wimperg: Giebel über Portalen und Fenstern, in der Hoch- und Spätgotik auch der Wand vorgeblendet; in CHARTRES noch rar, in KÖLN in verschwenderischer Zahl. Die Ziergiebel sind manchmal mit freistehendem *Maßwerk*, meist mit *Blendmaßwerk* gefüllt, gekrönt von einer *Kreuzblume*, meist besetzt mit *Kriechblumen*, oft flankiert von zwei *Fialen*.
Zierturm s. *Fiale*, *Baldachin*.
Zwickel 1. Das annähernd dreieckige Wandstück zwischen den Bögen einer Arkade oder zwischen dem Bogen der *Arkade* und dem *Bündelpfeiler* (*Bogenzwickel*).

2. Bei Kuppeln der Teil des Gewölbes, der den Übergang vom eckigen Grundriß zur Rundung bildet (*Hängezwickel*).

Literatur-verzeichnis

A. Der Dom zu Köln

Boisserée, Sulpiz
– Ansichten, Risse und einzelne Teile des Doms von Köln (1821 bis 1832). Köln 1979
– Geschichte und Beschreibung des Doms von Köln. Stuttgart 1823

Borger, Hugo
Der Dom zu Köln. Köln 1980

Clemen, Paul
Der Dom zu Köln. Düsseldorf 1937

Dann, Otto (Hrsg)
Religion – Kunst – Vaterland. Der Kölner Dom im 19. Jahrhundert. Köln 1983

Doppelfeld / Weyres
Die Ausgrabungen im Dom zu Köln. Mainz 1980

Ennen, Leonard
Der Dom zu Köln von seinem Beginne bis zu seiner Vollendung. Köln 1880

Forster, Georg
Ansichten vom Niederrhein, von Brabant, Flandern und Holland (1791); in Werke, 2. Band, Frankfurt 1969

Förster, Otto
Der Dom zu Köln. Magdeburg 1925

Geimer, Maria
Die Einwirkung des Kölner Domchores auf die Formentwicklung der unmittelbar abhängigen Kirchenbauten der rheinischen Hochgotik. Bonn 1936

Gruber, Otto
Maxentius-Basilika und Kölner Dom. Wolfenbüttel 1947

Hofmann, Hans
Die Heiligen Drei Könige. Zur Heiligenverehrung im kirchlichen, gesellschaftlichen und politischen Leben des Mittelalters. Bonn 1975

Hoster, Joseph
Der Dom zu Köln. Köln 1965

Kaltwasser, Ute
Der Dom, wie ihn keiner kennt. Sonderdruck des »Kölner Stadtanzeigers«, 1980

Klein, Adolf
Der Dom zu Köln. Die bewegte Geschichte seiner Vollendung. Köln 1980

Kölner Domblatt, Jahrbücher des Zentral-Dombau-Vereins (seit 1842)

Kölner Metropolitan-Kapitel (Hrsg)
Kölner Domjubiläum 1948. Düsseldorf 1950

Kralisch / Ronte
Domlandschaften. Der Dom zu Köln in ungewöhnlichen Bildern. Köln 1980

Kuphal, Erich (Hrsg)
Der Dom zu Köln. Köln 1930

Lützeler, Heinrich
Der Kölner Dom in der deutschen Geistesgeschichte. Bonn 1948

Mein Kölner Dom. Zeitgenössische Künstler sehen den Kölner Dom. Katalog der Ausstellung des Kölnischen Kunstvereins, 1980

Pinder, Wilhelm
Der Kölner Dom. Leipzig 1928

Reichensperger, August
– Der Kölner Dom und die Kathedrale von Amiens. Leipzig 1856
– Zur neueren Geschichte des Dombaues in Köln. Köln 1881

Rode, Herbert
Die mittelalterlichen Glasmalereien des Kölner Domes. Berlin 1974

Rode / Wolff
125 Jahre Zentral-Dombauverein. Fortbau und Erhaltung des Kölner Domes 1841–1966. Köln 1966

Rosenau, Helen
Der Kölner Dom. Seine Baugeschichte und historische Stellung. Köln 1931
Schlafke, Jakob
Der Kölner Dom. Köln 1980
Schmidt, Gérard
Taschenbuch zur Geschichte, Architektur und Ausstattung des Kölner Doms. Köln 1980
Schmitz, Franz
Der Dom zu Köln. Seine Konstruktion und Ausstattung. Köln 1879
Schnitzler, Hermann
Der Kölner Dom. Bremen 1937
Schulten, Walter
Der Kölner Domschatz. Köln 1980
Schütz, Bernhard
Der Kölner Dom: Triologie der Türme oder die Macht der Architektur. Worms 1985 (satirische Publikation)
Wolff, Arnold
– Chronologie der ersten Bauzeit des Kölner Domes 1248–1277. Köln 1968 (Sonderdruck des »Kölner Domblatts«)
– Der Kölner Dom. Stuttgart 1974
– Dombau in Köln. Stuttgart 1980
– (Hrsg) Der gotische Dom in Köln. Köln 1986
Wolff / Diederich (Hrsg)
Das Kölner-Dom-Jubiläumsbuch 1980. Offizielle Festschrift der Hohen Domkirche Köln

B. Die gotische Baukunst

Andrews, Wayne
American Gothic. Its Origins, its Tricks, its Triumphs. New York 1975
Baum, Julius (Hrsg)
Zwölf deutsche Dome des Mittelalters. Zürich 1955
Binding / Nussbaum
Der mittelalterliche Baubetrieb nördlich der Alpen in zeitgenössischen Darstellungen. Darmstadt 1978
Bond, Francis
Gothic Architecture in England. London 1906
Bonnet-Laborderie, Philippe
Cathédrale Saint-Pierre, Beauvais. Beauvais 1978
Booz, Paul
Die Baumeister der Gotik. München 1956
Borger, Hugo
Sie bauten ein Abbild des Himmels. Monographien gotischer Kathedralen aus Frankreich. Köln 1971
Borger-Keweloh, Nicola
Die mittelalterlichen Dome im 19. Jahrhundert. München 1986
Born, Walter
Die hohen deutschen Kirchtürme. Hildesheim 1979
Busch / Lohse (Hrsg)
Kunst. Die Geschichte ihrer Funktionen. Weinheim 1987
Busch / Schmoock (Hrsg)
Kunst. Die Geschichte ihrer Funktionen. Weinheim 1987
Cali, François
Das Gesetz der Gotik. München 1965
Clark, Kenneth
The Gothic Revival. London 1928
Dehio, Georg
Geschichte der deutschen Kunst. 3 Bände. Berlin 1924
Dolff-Bonekämper / Kimpel / Suckale
Die gotische Kathedrale: Gestalt und Funktion. In: Busch / Schmoock
Duby, Georges
Die Zeit der Kathedralen. Kunst und Gesellschaft 980–1420. Frankfurt 1980
Du Colombier, P.
Les chantiers des cathédrales. Ouvriers, architectes, sculpteurs. Paris 1973
Durandus, William
The Symbolism of Churches and Church Ornaments. London 1906
Fingesten, Peter
Topographie und anatomische Aspekte der gotischen Kathedrale; in: Antaios, Band 6, Stuttgart 1965

Gall, Ernst
Die gotische Baukunst in Frankreich und Deutschland. Braunschweig 1955
Germann, Georg
Neugotik. Geschichte ihrer Architekturtheorie. Stuttgart 1974
Gerstenberg, Kurt
Gotik in Europa; in: Busch / Lohse
Gimpel, Jean
Les bâtisseurs des cathédrales. Paris 1958
Goethe, Johann Wolfgang
Von deutscher Baukunst (1772, mit Vorwort von 1823)
Harvey, John
English Mediaeval Architects. London 1954
Hauser, Arnold
Sozialgeschichte der mittelalterlichen Kunst. Hamburg 1957
Hecht, Konrad
Maß und Zahl in der gotischen Baukunst. Braunschweig 1969
Heinle / Leonhardt
Türme aller Zeiten – aller Kulturen. Stuttgart 1988
Jantzen, Hans
– Über den gotischen Kirchenraum. Freiburg 1928
– Kunst der Gotik. Klassische Kathedralen Frankreichs: Chartres, Reims, Amiens. Hamburg 1957
Jaxtheimer, Bodo
Knaurs Stilkunde Gotik. Die Baukunst. München 1982
Johnson, H. T.
Cathedral Building and the Medieval Economy, in: Explorations in Entrepreneurial History, Heft 4 (1967)
Kimpel / Suckale
– Wie entsteht eine gotische Kathedrale? In: Busch / Schmoock
– Die gotische Kathedrale in Frankreich 1130–1270. München 1985
Knoop / Jones
The Mediaeval Mason. An Economic History of English Stone Building in the Later Middle Ages. Manchester 1933
Kraus, Henry
Gold Was the Mortar. The Economics of Cathedral Building. London 1979
Macauly, David
Sie bauten eine Kathedrale. Zürich 1974
Marchi, Cesare
Große Sünder – große Kathedralen. Wien 1989
Muth, Hanswernfried
Die Kunst der Gotik, in: Heinrich Pleticha (Hrsg), Deutsche Geschichte, Band 4, Gütersloh 1982
Panofsky, Erwin
Gothic Architecture and Scholasticism. Paris 1951
Richter, Gottfried
Chartres. Die Herrlichkeit der Kathedrale. Stuttgart 1976
Rodin, Auguste
Die Kathedralen Frankreichs (1914), deutsch München 1988
Rüdiger, Wilhelm
Die gotische Kathedrale. Architektur und Bedeutung. Köln 1979
Rumohr, Carl Friedrich v.
Vom Ursprung der gotischen Baukust (1813)
Sauerländer, Willibald
Das Jahrhundert der großen Kathedralen, 1140–1260, München 1990
Schäfke, Werner
– Frankreichs gotische Kathedralen. Köln 1979
– Englische Kathedralen. Köln 1983
Schlegel, Friedrich
Grundzüge gotischer Baukunst (1804), in: Vom romantischen Geist, Wedel 1946
Schlink, Wilhelm
Die Kathedralen Frankreichs. München 1978
Schmidt, Ulrich
Treppen der Götter – Zeichen der Macht. Das Buch der Türme. Düsseldorf 1970
Sedlmayr, Hans
Die Entstehung der Kathedrale. Zürich 1976

Simson, Otto v.
Die gotische Kathedrale. Beiträge zu ihrer Entstehung und Bedeutung. Darmstadt 1982

Ungewitter/Mohrmann
Lehrbuch der gotischen Konstruktionen. 2 Bände, Leipzig 1903

Violett-le-Duc, Eugène
Dictionnaire raisonné de l'architecture française du XIe au XVIe siècle, 10 Bände, 1854–69

Vöge, Wilhelm
Die Anfänge des monumentalen Stiles im Mittelalter. Straßburg 1894

Ziegler, Leopold
Südliche und nördliche Bauweise, in: Spätlese eigener Hand. München 1953

C. Geschichte Kölns

Berthold, Brigitte
Sozialökonomische Differenzierung und innerstädtische Auseinandersetzung in Köln im 13. Jahrhundert; in: Bernhard Töpfer (Hrsg), Stadt und Stadtbürgertum in der deutschen Geschichte des 13. Jahrhunderts. Ostberlin 1976

Ennen, Leonard
Geschichte der Stadt Köln. 5 Bände, Köln 1865–1880

Groten, Manfred
Priorenkolleg und Domkapitel von Köln im Hohen Mittelalter. Zur Geschichte des kölnischen Erzstifts und Herzogtums. Bonn 1980

Heinzen, T.
Zunftkämpfe, Zunftherrschaft und Wehrverfassung in Köln. Köln 1939

Holtschmidt, Wilhelm
Die Kölner Ratsverfassung vom Sturz der Geschlechterherrschaft bis zum Ausgang des Mittelalters. Düsseldorf 1907

Kaltwasser, Ute
Heiliges Köln, sündiges Köln. Köln 1985

Kellenbenz, Hermann (Hrsg)
Zwei Jahrtausende Kölner Wirtschaft. 2 Bände, Köln 1975

Knauf, Herbert
Quellen zur Geschichte Kölns im Mittelalter. Köln 1958

Kuske, B.
Quellen zur Geschichte des Kölner Handels und Verkehrs im Mittelalter. Bonn 1923

Mering / Reischert
Zur Geschichte der Stadt Köln am Rhein von ihrer Gründung bis zur Gegenwart. Köln 1838

Schnabel, Franz
Deutsche Geschichte im 19. Jahrhundert; Band 4: Die religiösen Kräfte. Freiburg 1937

Schwering, Max Leo
Köln 1850–1920, Luzern 1980

Stein, Walther (Hrsg)
Akten zur Geschichte der Verfassung und Verwaltung der Stadt Köln im 14. und 15. Jahrhundert. 2 Bände, Bonn 1893/95

Stelzmann, Arnold
Illustrierte Geschichte der Stadt Köln. Köln 1962

Weyres, Willy
Die vorgotischen Bischofskirchen in Köln. Köln 1987

D. Geschichte und Lebensgefühl des hohen und späten Mittelalters

Ariès, Philippe
– Geschichte der Kindheit. München 1975
– Geschichte des Todes. München 1982

Bloch, Marc
Die Feudalgesellschaft, Paris 1939; deutsch Berlin 1982

Boockmann, Hartmut
– Einführung in die Geschichte des Mittelalters. München 1981

Die Stadt im späten Mittelalter. München 1986

Borst, Arno
Lebensformen im Mittelalter. Frankfurt 1973

Bosl, Karl
Europa im Aufbruch. Herrschaft, Gesellschaft, Kultur in Europa vom 10. bis zum 14. Jahrhundert. München 1980

Brunner, Otto
Sozialgeschichte Europas im Mittelalter. Göttingen 1978

Chenu, Marie-Dominique
La théologie au XIIe siècle. Paris 1957

Cipolla / Borchardt (Hrsg)
Europäische Wirtschaftsgeschichte. Band 1, Stuttgart 1983

Cohn, Norman
The Pursuit of the Millenium. Oxford 1970

Coulton, George Gordon
Life in the Middle Ages. 2 Bände, Cambridge 1967

Diestelkamp, Bernhard
Beiträge zum hochmittelalterlichen Städtewesen. Köln 1982

Duby, Georges
– Die Zeit der Kathedralen. Kunst und Gesellschaft 980–1420. Frankfurt 1980
– Europa im Mittelalter. Stuttgart 1986

Ehlers, Joachim
Geschichte Frankreichs im Mittelalter. Stuttgart 1987

Ennen, Edith
– Frauen im Mittelalter. München 1986
– Die europäische Stadt des Mittelalters. Göttingen 1987

Flitner, Wilhelm
Die Geschichte der abendländischen Lebensformen. München 1967

Fuhrmann, Horst
– Deutsche Geschichte im hohen Mittelalter. Göttingen 1978
– Einladung ins Mittelalter. München 1987

Goetz, Hans-Werner
Leben im Mittelalter vom 7. bis zum 13. Jahrhundert. München 1986

Grundmann, Herbert
Religiöse Bewegungen im Mittelalter. Darmstadt 1961

Gurjewitsch, Aaron
Das Weltbild des mittelalterlichen Menschen: München 1986

Haase, Carl
Die Stadt des Mittelalters. 3 Bände, Darmstadt 1984

Haverkamp, Alfred
Aufbruch und Gestaltung. Deutschland 1056–1273. München 1984

Herder, Johann Gottfried
Lebens- und Kulturformen des Mittelalters; in: Ideen zur Philosophie der Geschichte der Menschheit, 20. Buch (1791)

Huizinga, Johan
Herbst des Mittelalters. Studien über Lebens- und Geistesformen des 14. und 15. Jahrhunderts in Frankreich und in den Niederlanden. Haarlem 1919; deutsch Stuttgart 1961

Isenmann, Eberhard
Die deutsche Stadt im Spätmittelalter (1250–1500). Stuttgart 1988

Le Goff, Jacques
– Das Hochmittelalter. Frankfurt 1965
– Kultur des europäischen Mittelalters. München 1970
– Die Stadt als Kulturträger, in: Cipolla/Borchardt
– (Hrsg) Der Mensch des Mittelalters. Frankfurt 1989

Lewis, P. S.
Later Medieval France. London 1968

Mayer, Hans Eberhard
Geschichte der Kreuzzüge. Stuttgart 1968

Mollat, Michel
Die Armen im Mittelalter. München 1984

Nitschke, August
Naturerkenntnis und politisches Handeln im Mittelalter. Körper – Bewegung – Raum. Stuttgart 1967

Petri, Franz (Hrsg)
Bischofs- und Kathedralstädte des Mittelalters und der frühen Neuzeit. Köln 1976

Reif, Heinz (Hrsg)
Die Familie in der Geschichte. Göttingen 1982

Runciman, Steven
Geschichte der Kreuzzüge. München 1978

Schwineköper, Berent (Hrsg)
Gilden und Zünfte. Kaufmännische und gewerbliche Genossenschaften im frühen und hohen Mittelalter. Sigmaringen 1985

Seibt, Ferdinand
Glanz und Elend des Mittelalters. Eine endliche Geschichte. Berlin 1987

Tuchman, Barbara
Der ferne Spiegel. Das dramatische 14. Jahrhundert. Düsseldorf 1980

Ullmann, Walter
Individuum und Gesellschaft im Mittelalter. Göttingen 1975

Waas, Adolf
Der Mensch im deutschen Mittelalter. Graz 1966

Winter, Matthias
Kindheit und Jugend im Mittelalter. Freiburg 1984

Wollschläger, Hans
Die bewaffneten Wallfahrten gen Jerusalem. Geschichte der Kreuzzüge. Zürich 1973

Ziegler, Philip
The Black Death. New York 1969

Bildnachweis:

Urs F. Kluyver/Focus: Titel. *Archiv für Kunst und Geschichte:* 16, 64, 66, 96, 102, 104, 108, 130, 132, 136, 150, 156, 158, 236. *Bibliotheque Nationale Paris:* 239. *Bildarchiv Preußischer Kulturbesitz:* 58 o. und u., 60, 70, 74, 76. *Camera Press:* 235, 237. *Cap-Viollet:* 238. *Larry Chambers/Black Star:* 240. *Dombauarchiv Köln:* 187, 188, 189, 200, 202. *Rainer Gaertner:* 110, 113, 116/117, 118, 119, 122, 123, 128, 185, 192, 193, 194, 195, 196/197, 198, 199. *Andreas Hölz:* 2/3, 42/43. *Walter Klein:* 114. *Kövesdi:* 234. *David Macauly/Artemis-Verlag:* 78, 80, 82, 84, 86, 87, 88, 90, 92. *Rheinisches Bildarchiv:* 134, 146, 186. *Jo Röttger/Visum:* 5 o., 7 o. und u., 54/55, 115 o. und u., 190/191. *Toni Schneiders:* 233. *Jo Schwartz:* 1, 5 u., 6, 8, 28 o. und u., 41, 44, 45 o. und u., 46/47, 48, 49 o. und u., 50, 51, 52, 53 o. und u., 56 o. und u. *Stern Archiv:* 162. *Dr. ing. Arnold Wolff:* 106, 120, 121, 124, 125, 126/127, 164. *Reinhart Wolf:* 4. *Hanns-Jörg Anders:* Umschlag Rückseite.

Die höchsten Bauwerke der Erde im Jahr 1900

		Höhe	fertig-gestellt
1.	Eiffelturm (Paris)	300 m	1889
2.	Washington Monument	169 m	1884
3.	Rathaus von Philadelphia	167 m	1876
4.	Mole Antonelliana (Turin)	167 m	1889
5.	Ulmer Münster	162 m	1890
6.	Kölner Dom	157 m	1880
7.	Kathedrale von Rouen	151 m	1876
8.	Nikolaikirche (Hamburg)	148 m	1874
9.	Straßburger Münster	142 m	1439
10.	Stephansdom (Wien)	137 m	1433
11.	Peterskirche (Rom)	136 m	1590
12.	Petrikirche (Hamburg)	133 m	1878

Die höchsten Kirchen heute

			Höhe	fertig-gestellt
1.	Moschee von Casablanca	Marokko	172 m	1989
2.	Ulmer Münster	Ulm	162 m	1890
3.	Kölner Dom	Köln	157 m	1880
4.	Kathedrale von Rouen	Rouen	151 m	1876
5.	Kathedrale von Yamoussoukro	Elfenbein-küste	149 m	1990
6.	Nikolaikirche	Hamburg	148 m	1874
7.	Straßburger Münster	Straßburg	142 m	1439
8.	Stephansdom	Wien	137 m	1433
9.	Peterskirche	Rom	136 m	1590
10.	Petrikirche	Hamburg	133 m	1878
11.	Michaeliskirche	Hamburg	132 m	1912
12.	Martinskirche	Landshut	131 m	1477
13.	Petrikirche	Rostock	126 m	1577
14.	Marienkirche	Lübeck	125 m	1351
15.	Liebfrauenkirche	Brügge	124 m	1320
16./17.	Kathedrale von Salisbury	Salibury	123 m	1365
16./17.	Kathedrale von Antwerpen	Antwerpen	123 m	Ende 16.Jh.
18.	Kathedrale von Sevilla	Sevilla	122 m	1568
19.	Freiburger Münster	Freiburg	116 m	1330
20./21.	Kathedrale von Chartres	Chartres	115 m	1513
20./21.	Dom von Lübeck	Lübeck	115 m	1612
22.	Kathedrale von Amiens	Amiens	113 m	Anf. 15.Jh.
23.	Dom von Cremona	Cremona	111 m	1284
24.	St. Paul's Cathedral	London	110 m	1710

Das höchste Bauwerk der Erde war:

Von	bis		Ort	Höhe
8000 v.Ch.	2800 v.Ch.	Festungsturm	Jericho	13 m
2800 v.Chr.	2600 v.Chr.	Tempelturm	Uruk	
2600 v.Chr.	2550 v.Chr.	Stufenpyramide des Djoser	Sakkara	59 m
2550 v.Chr.	2520 v.Chr.	Pyramide des Snofru	Dahschur	97 m
2520 v.Chr.	1311 n.Chr.	Cheops-Pyramide	Gizeh	147 m (heute 138 m)
1311	1547 (eingestürzt)	Kathedrale von Lincoln	Lincoln (England)	160 m
1547	1569	Marienkirche	Stralsund	151 m
1569	1573 (eingestürzt)	Kathedrale von Beauvais	Beauvais	153 m
1573	1647 (abgebrannt)	Marienkirche	Stralsund	151 m
1647	1822 (abgebrannt)	Kathedrale von Rouen	Rouen	150 m
1822	1874	Straßburger Münster	Straßburg	142 m
1874	1876	Nikolaikirche	Hamburg	147 m
1876	1884	Rathaus	Philadelphia	167 m
1884	1889	Washington Monument	Washington	169 m
1889	1930	Eiffelturm	Paris	300 m
1930	1931	Chrysler Building	New York	306 m
1931	1973	Empire State Building	New York	380 m
1973	1974	World Trade Center	New York	412 m
1974		Sears Tower	Chicago	442 m

Noch höher als der Sears Tower sind die Fernsehtürme von Toronto (553 m) und von Moskau (537). Sie als »Bauwerke« einzustufen, ist jedoch nicht üblich.
Noch höher als der Fernsehturm von Toronto sind die Funkmasten von Warschau (642 m) und Fargo/North Dakota (631 m). Bei extrem geringem Durchmesser werden sie von Spanntrossen gehalten.

Register

KÖLN UND DIE KÖLNER

KÖLNER DOM

Das Freiburger Münster. Sein 116 Meter hoher Turm, vollendet um 1330, orientierte sich an den Kölner Plänen.

Der Stephansdom in Wien, vollendet 1433. Sein Turm war mit 137 Metern der zweithöchste nächst der Kathedrale von Lincoln.

Die Kathedrale von Chartres: rechts der Südturm von 1160 (105 m), damals der höchste der Erde; links der Nordturm von 1513 (115 m).

Das Münster zu Straßburg mit seinem einsamen Turm von 1439, der als ein Weltwunder galt (142 Meter hoch).

Die Kathedrale von Antwerpen, vollendet im 16. Jahrhundert, ein Meisterwerk der Spätgotik (Turm 123 m).

Die Kathedrale von Saint-Denis, der Gründungsbau der Gotik.
Der Südturm (rechts) wurde im 13. Jh., der Nordturm im 19. Jh. errichtet.

Pfeiler, die alle Last tragen, und zwischen ihnen mehr Glas als Stein: die Uridee der Gotik, zuerst 1144 in Saint-Denis verwirklicht.

Der Fernsehturm von Toronto in Kanada, 553 Meter hoch. Wolkenkratzer und Fernsehtürme haben die gotischen Türme entthront.